勇気をもらえる

日向坂46の言葉

HINATAZAKA 46

登坂彰

太陽出版

プロローグ

2019年3月27日、1stシングル『キュン』で〝日向坂46〟としてデビューを飾った彼女たちは、今年3月で〝デビュー1周年〟を迎えた。

この1年間にリリースしたシングル曲は全部で4枚。

デビュー曲『キュン』(47.6万枚)、『ドラミソラシド』(44.9万枚)、『こんなに好きになっちゃっていいの?』(47.7万枚)という初週売上を記録。

今年2月19日にリリースした4thシングル『ソンナコトナイヨ』は、遂に初週売上50万枚の大台を突破(55.8万枚)、自己最高をマーク。

史上初となる〝1stシングルから4作連続初週売上40万枚超え〟の偉業を達成した。

さらに3月27日からは、グループ初となるドキュメンタリー映画『3年目のデビュー』が全国公開。

そして年末の12月6日・7日には、日向坂46でデビューして約1年8か月の超スピードで、あの〝東京ドーム〟のステージに立つ(『ひなくり2020』)。

まさに飛ぶ鳥を落とす勢いで、坂道シリーズをはじめとする女性アイドルグループの頂点に向かって突き進む日向坂46。

デビュー1周年にして、いよいよ本格的な〝大ブレイク〟を迎えたのだ。

『仲の良い、アットホームな雰囲気のメンバーが醸し出すハッピーなオーラ』

そんな彼女たちにピッタリなグループ名として名付けられた『日向坂46』。

本書は、そんなハッピーオーラに満ちた彼女たちのエピソードと、彼女たちが語ったフレーズを、TVの現場を中心に拾い集め、皆さんによりハッピーになって頂くために製作された。

しかしそこには彼女たちのハッピーな素顔のみならず、人知れぬ努力や苦悩、メンバー同士の絆といった〝知られざる素顔〟もご紹介させていただいている。

そんな彼女たちだからこそ、彼女たちが発した言葉は読む者に〝勇気〟と〝力〟を与えてくれるのだ。

本書を最初から最後まで読んで頂ければ、日向坂46メンバーの放つ〝ポジティブなハッピーオーラ〟で、誰もが勇気と希望をもらえるはずだ。

〝すぐそばで彼女たちが笑顔をくれる〟——そんな温かくハッピーな気持ちになっていただければ幸いだ。

目次

103 2nd Chapter 〝勇気をもらえる〟フレーズ集

147 3rd Chapter 笑顔のハッピーオーラ

1st Chapter

ハッピーオーラの向こう側

日向坂46
HINATAZAKA 46

潮紗理菜

アイドルの使命

『アイドルには英語で〝偶像〟の意味があるように、
そこで夢を見せてくれたり、希望を配ってくれることが、
〝仕事〟だと考えています。
私は、私たちメンバーが元気に楽しんでいる姿を見て、
皆さんに明るい気持ちになって欲しいんです。
本当は涙の一筋も、皆さんには見せたくないんです』

3月27日から初のドキュメンタリー映画『3年目のデビュー』が公開される日向坂46。そもそもはAKB48のドキュメンタリー映画に始まり、これまで48グループではAKB4作品、SKE1作品、NMB1作品が公開され、それが坂道シリーズに伝播したと言っても過言ではないだろう。潮紗理菜の本音は「涙は見せたくない」――そこには彼女の〝アイドル〟としての使命感があった。

「AKBの〝ドキュメンタリー芸人〟といえば高橋みなみでした。彼女は常に本気、常に全力で臨むからこそ〝絵になる〟。全力で笑い、全力で泣き、全精力をパフォーマンスに注ぎ込む。だからこそ舞台裏の彼女にも興味が集まるのです。日向坂46ファンもおそらく同じ気持ちで彼女たちの舞台裏の素顔を見たいはずです」

人気放送作家氏は独自のネットワークで日向坂46運営に食い込み、そこで「着々と劇場版製作が進んでいる」情報を得ていたと明かす。潮紗理菜のセリフも、同じルートで耳にしたとか。

3月27日に全国公開される、日向坂46初のドキュメンタリー映画『3年目のデビュー』。彼女たちのデビュー1年目に〝完全密着〟した興味深い内容になっている。

そんなドキュメンタリーについて、潮は冒頭のような想いを口にしていた。

果たして皆さんは日向坂の劇場版映画の公開には好意的だろうか、それとも潮の意見に近く、舞台裏は見たくないのだろうか。

「おそらくは7：3、あるいは8：2ぐらいの大差で、ファンは劇場版の公開を歓迎すると思いますよ。普段、決して覗けないメンバーの素顔を〝見たくない〟という人は少ないでしょう」

そう話す人気放送作家氏も潮の発言については肯定し、「ファンに夢を見させてくれてこそアイドル」なのは認めている。

そして「涙を見せたくない」という部分については、

「他のメンバーも同じように話していました」

――と明かしてくれた。

「齊藤京子のことです。たまたま彼女がやっているラジオのスタッフが友人で、雑談中に彼女がこんな風に話していたそうです」

齊藤は――


『我慢出来ない時もあったけど、私はステージの上では〝泣きたくない〟派。

感情が溢れると素に戻ってしまうから。

ファンの皆さんは〝アイドルの私〟を見に来てくれているから』

――と話していたという。

潮とは少し表現が違うが、ニュアンスはほとんど同じだろう。

さらに突き詰めていくと、泣く泣かないの話を超え、〝そもそもアイドルとはどんな存在なのか？アイドルは何を与えなければならないのか？〟などの話にまで発展しそうだが……。

『私は個人的には日向坂46だけじゃなく、アイドルが舞台裏を見せすぎることには反対。
アイドルには英語で〝偶像〟の意味があるように、
そこで夢を見せてくれたり、希望を配ってくれることが、
〝仕事〟だと考えているからです。
でもファンの皆さんが〝本当はどうなの?〟って舞台裏を覗いてみたくなる気持ちもわかるし、
乃木坂さんの映画や欅坂さんのドキュメンタリー映画で理解を深めるというか、
モヤモヤが晴れてスッキリする人もいる。
それでも私は、私たちメンバーが元気に楽しんでいる姿を見て、
皆さんに明るい気持ちになって欲しいんです。
本当は涙の一筋も、皆さんには見せたくないんです』

——そう話していたという潮紗理菜。

確かに彼女の言う通りかもしれない。

アイドル（偶像）は、夢を見せてくれたり、希望を配ってくれることが〝仕事〟だ。

しかしアイドルの使命は、それだけではないはずだ。

彼女たちの流す涙に共感し、心が震えるほど感動する人もいる。

だからアイドルだって泣いている姿を見せていい。

無理をしてまで、いつも元気で楽しんでいる姿を見せようとしなくてもいい。

彼女たちの流す涙が共感を呼び、見た人を感動させ、人生に夢や希望を与えてくれることもあるのだから――。

加藤史帆

自ら明かした〝素顔の加藤史帆〟

『強い女に見られるのは光栄だけど、
実際の私は意外に泣き虫だったりするから、
そこはギャップというよりも〝恥ずかしさ〟のほうが満開です（笑）。
本当は泣きたくないし、
逆にみんなが泣いている時に、ケラケラ笑ったりしちゃうんですけどね』

普段の言動を見る限り、加藤史帆が泣き虫だとはほとんどの方が思わないだろう。外見だけで判断するわけではないが、いかにも意志が強そうな瞳は、ちょっとやそっとでは挫けないように見えるのだが……彼女が明かした〝本当の素顔〟は？

「一言で言うと、彼女は誰よりも繊細なんです。だからこそ傷つきやすいし、気持ちも折れやすい。波に乗ってる時は無敵でも、サーフボードから落ちたらそのまま海の底に沈んでしまうタイプ。もともとは乃木坂に憧れ、清楚な女性を目指していたほどですからね」

これまでに何度も加藤史帆の〝泣き〟とつき合ってきたテレビ東京『日向坂で会いましょう』制作プロデューサー氏は、加藤の弱点についてこう話す。

「彼女の弱点は、グループでいる時はかなり無敵。でもセンターとかピンに近い状態になった時、一気に不安に襲われてしまうタイプ」

――だと言う。

「これはもう、分析しなくても見ていればわかります。たとえばウチの番組に出ている時の彼女は、ジャイアン並みの存在感を発揮することがある。そんな加藤しか見たことがなければ、ソロ曲を歌う時にマイクを持つ手が震え、膝から下がガクガクになっているとは思いもしないでしょう」

そうなのだ。『日向坂で会いましょう』での無双モードに入った加藤を見ているから、まさかソロ曲を歌う時はビビりまくっていると聞かされても、それが同一人物だと頭の中で結びつかないのだ。

「でも、そういう自分の弱さを口に出来るところが、同時に彼女の〝強さ〟でもあるのです。〝泣き虫の自分を知られたくない、見られたくない〟と必死に隠すだけでは、永遠に克服することは出来ません。彼女のように強さも弱さもすべてさらけ出すことで人間的な魅力に繋がり、弱点を克服するための協力者が必ず現れるものです」（『日向坂で会いましょう』制作プロデューサー氏）

ちなみに加藤、これまでで一番泣いたのは――

『ひらがなけやき楽曲で初のセンターに選ばれた時』

――だと明かす。

おや、つまりそれは嬉し泣き？

『ちっとも嬉し泣きじゃないよ！
漢字さんシングルのカップリング曲の上に、
タイトルが『ハッピーオーラ』ですよ？
だれがどう見たってウチらを象徴する曲だし、
そもそも私は自分がセンターに立つなんて、最初から目指してないから。
菜緒がやればいいじゃん』

思わぬ場面で加藤から名前が出された小坂菜緒だったが、その当の小坂自身も——

『私、絶対に史帆さんのセンターが見たいんです。
というか誰だって見たいでしょ！』

——と後押しするほどだった。

『強い女に見られるのは光栄だけど、実際の私は意外に泣き虫だったりするから、
そこはギャップというよりも〝恥ずかしさ〟のほうが満開です（笑）。
私は私の中で限界を感じると、
まず周囲に迷惑をかけてしまうことが恐くて仕方がなくなる。
本当は泣きたくないし、
逆にみんなが泣いている時に、ケラケラ笑ったりしちゃうんですけどね。
ちょっと掴みにくいかもしれないけど、
こんな弱虫で泣き虫な私でもいいですか？』

——弱虫で泣き虫？

もちろん、いいに決まってるではないか！

齊藤京子

日向坂ブレイクのきっかけ

『何で私みたいにまったく可愛くない声の持ち主に話が来たのか謎のままだけど、あのタイミングでいろいろなことが動き出して、みんなが「京子きっかけだよ」——とか言ってくれた時は、〝全然違うだろ！〟とわかってはいても、「ちょいマジ？」……って嬉しかったな～』

メンバー初めてのラジオパーソナリティに齊藤京子が抜擢されることが決まると、まさに〝返す刀〟のごとく、加藤史帆が『ＣａｎＣａｍ』に。佐々木久美が『Ｒａｙ』に。佐々木美玲が『ｎｏｎ・ｎｏ』に。そして高本彩花が『ＪＪ』にと、同時に1期生4名が有名ファッション誌の専属モデルに確定した日向坂46。歯車が一つ噛み合えば、こうしてすべてが上手く転がることもある。

「京子きっかけではなく、正しくは〝CDデビューきっかけ〟ですけどね。でもメンバーたちが〝そのほうが嬉しい〟というのであれば、もはや何きっかけかはどうでも良いでしょう（笑）」

テレビ東京『日向坂で会いましょう』構成スタッフ氏は、スタジオ収録の合間、メンバー数人とオードリー・春日俊彰で、

「自分たちが〝ブレイクするかも〟と感じたのはいつ？」

――の話で盛り上がったという。

「メンバーは京子と久美、それと史帆という豪華メンバー。春日さんはほとんどニコニコしていただけですが、久美が謙虚に『ブレイクなんてまだまだですよ』――と言うと、〝うそつけ！〟〝本当かよ！〟などとチャチャを入れていました（笑）」

久美以外の2人は何と言ったのだろうか。

「史帆は『ブレイクがどういうものか難しい』と言いながら、『レコ大で新人賞じゃなく〝新人賞候補曲〟のノミネートには驚いた』『やっぱり紅白は別世界』――と、年末の2大行事に触れると、すかさず久美も『紅白！　紅白だよね！』――と目を輝かせていました」（『日向坂で会いましょう』構成スタッフ氏）

すると齊藤京子が――

『てかさ、紅白ってブレイクした人が出られるんじゃね?
だったらウチら、もっと前じゃん』

――と言い始める。

その場にいた全員が「(大胆不敵なことを言い出したな……)」と構えると、齊藤は――

『いっぱいあるじゃん!
CDデビューもそうだし、ひらがなから日向坂への改名もそう。
あの時期すべてがブレイクだよ』

――と胸を張り、「私のラジオもそう」と、こんな言葉を続けたのだ。

『何で私みたいにまったく可愛くない声の持ち主に話が来たのか謎のままだけど、あのタイミングでいろいろなことが動き出して、みんなが「京子きっかけだよ」――とか言ってくれた時は、〝全然違うだろ！〟とわかってはいても、「ちょいマジ？」……って嬉しかったな～。あの頃、ウチらは乃木坂さんや漢字さんと比べて勢いがないし、でもどうすれば外の世界に向かってアピール出来るのかもわかんなかったじゃん。そんな時に私のラジオやメンバーのモデル話がドカドカと舞い込んできたから、私はそれがブレイクの始まりだと思う』

――そう、すべては歯車が噛み合い、連動して動き出してこその〝ブレイク〟。

一つ一つの現象は、その歯車に油を差したようなものなのだ。

「2020年最初のシングル『ソンナコトナイヨ』も初週売上げ55．8万枚で自己新を更新。さらにデビュー曲からの連続40万枚超えも、史上1位を更新する4曲連続。事情を知らない人は〝握手会のお陰〟とか何とか言ってくるでしょうが、その対象メンバーは18人しかいない。乃木坂46、欅坂46、そして48グループで、日向坂46よりも人数あたりの売上げが多いグループ、ありますか？」（『日向坂で会いましょう』構成スタッフ氏）

そうか、そして2020年こそが本格的な〝ブレイク元年〟ということか――。

佐々木久美

キャプテンに選ばれた〝本当の理由〟

『最近、たまに自分がキャプテンに選ばれた頃のことを思い出すんです。
ひらがな時代のファーストアルバム『走り出す瞬間』のツアーが始まる直前で、
何かワケがわからないままキャプテンになっちゃったな〜。
……いや、されちゃったのかな〜って(笑)』

〝何でキャプテンに?〟と言われれば、それは「最年長だから」としか答えようがない。とはいえ当時、同学年ながら誕生日が2ヶ月ほど早い井口眞緒もいたわけで、やはりそこは〝人を見て〟決めたのだろう。秋元真夏、菅井友香にも引けを取らない、素晴らしいキャプテンだ。

テレビ東京〝坂道シリーズ〟冠番組全般に関わっている構成スタッフ氏は、佐々木久美について、

「見ている限り、キャプテンに相応しい人になるように〝自分を変えよう〟と努力しているのは久美ちゃんで、それは番組スタッフ全員が認めている」

――と、嬉しい言葉で語ってくれた。

「確かに本人はお兄ちゃん子で、いつも後をついていくような性格だったそうですし、実際にキャプテンになる前の様子を見ていても、メンバーをまとめたり、強引に引っ張るタイプではありませんでした」

むしろそれは、加藤史帆や齊藤京子らの役割だった。

「それでもひらがなけやき最初のZeppツアー、欅坂46のコンサートに参加する時など、メンバーを励まし、鼓舞してくれたのはいつも久美ちゃん。〝全員が同期〟のチームに必要なリーダーは、少々強引で我の強いタイプではなく、みんなの気持ちを一つにすることが出来る人間でなくてはならない。その条件にピッタリなのは久美ちゃんだけでしたから」

そして地位や立場が〝人を作る〟とは、昔の人はよく言ったものだ。

2期生が入ってきて、スタッフの間では〝キャプテン候補〟に挙がった頃、久美は自然とメンバーをまとめ始めたのだ。

「その時にモノを言ったのが、やはり〝最年長、1995年組〟の年令でした。井口と早生まれの久美ちゃんの2人しかいない上、人望も久美ちゃんに集中。ファーストアルバムのレコーディングを終えた頃には、僕らの中で〝久美ちゃん1択〟で決まってましたね」

ツアー直前にキャプテンに就任したお陰で、メンバー全員が同じ方向を向き、久美を先頭に「ツアーを絶対に成功させる!」気持ちもまとまった。

『最近、たまに自分がキャプテンに選ばれた頃のことを思い出すんです。
ひらがな時代のファーストアルバム『走り出す瞬間』のツアーが始まる直前で、
何かワケがわからないままキャプテンになっちゃったな〜。
……いや、されちゃったのかな〜って(笑)。
そもそも私は佐々木家では末っ子で、
生まれてから20年以上、甘やかされて生きてきた人なのに。
キャプテンは家族でいえばお父さん、兄妹でいえばお兄ちゃん。
この前、久しぶりに真夏さん、菅井さんと、キャプテンが3人揃った時、
立派なお2人にめちゃめちゃ引け目を感じましたから』

自分ではそう話す彼女だが、いやいや、〝坂道シリーズ〟構成スタッフ氏から経緯を聞く限り、〝キャプテンに選ばれて当然〟の働きぶり。

なるほど、この初心を忘れない謙虚さこそが、佐々木久美のキャプテンにふさわしい資質であり、最大の魅力なのかもしれない――。

佐々木美玲

乗り越えなければならない〝壁〟

『最初に2期生と合流してレッスンを始めた頃、
私は後輩から見て〝カッコいい、憧れられる先輩〟になりたかったんです。
私たちには〝たった一人〟しか先輩がいなかったけど、
その先輩がそういう人だったから』

先輩として技術や体験を口で説明しても、物事の本質、その先にある真理まではなかなか伝わらないもの。それよりも自分が歯を食いしばって臨む背中を見せたほうが、ストレートに後輩たちの心に響くのではないか。佐々木美玲が思う、カッコいい先輩とは？

「美玲を一言で言えば、〝何でもソツなく平均点を超えてくる人〟のイメージですね。実際に何でも出来るからこそ楽曲センターにも選ばれましたし、後輩たちからの信頼も厚い。ただしもう一つ、〝越えなければならない壁〟もあるんじゃないかな。そんなメンバーですよ」

正直、わかったようでわからない微妙なセリフだが（苦笑）、オーディション当時から佐々木美玲たちメンバーを見守っている『日向坂で会いましょう』制作プロデューサー氏は、

「一つだけ言えるのは、2期生が入ってきてから明らかにスイッチが入ったメンバーの一人が美玲」

――だと語る。

「彼女も（長濱）ねるちゃんがいた頃のひらがなけやきが大好きな子で、きっとあのままの活動でも満足していたでしょう。何でも出来てしまうがゆえ、向上心に乏しい一面があった。ところが後輩の2期生が合格した直後、憧れのねるちゃんが漢字欅専任となり、自分たちが先輩の1期生として2期生と相対することになった。美玲はその頃から先輩としての〝生き方〟を意識し始めたと思いますよ」

長濱ねると欅坂46は自分たちにどんな姿を見せ、何を気づかせてくれたのか。

ステージの上で最高のパフォーマンスを魅せるには、その何倍ものレッスンを重ね、自分たちを高めていかなければならないことではなかったか。

ならば自ずと〝自分たちが後輩たちに何をすべきか〟の答えが導き出されるだろう。

『最初に2期生と合流してレッスンを始めた頃、
私は後輩から見て〝カッコいい、憧れられる先輩〟になりたかったんです。
私たちには〝たった一人〟しか先輩がいなかったけど、その先輩がそういう人だったから。
実は合流する前はそんな風には感じていなかったんですけど、
いざ2期生たちの顔を見たら、
ねるさんや漢字欅の皆さんが私たちにどんな姿を見せつけてくれたか、
〝先輩の役割とは何なのか〟——に改めて気づかされたんです』

——そんな美玲に唯一の弱点があるとしたら、それは〝意外に感情の起伏が激しい〟ことだという。

「意外ですよね。ファンの皆さんから見れば、いつも穏やかそうに見える美玲が、実は感情の起伏が激しいタイプだったなんて。ただ、あえて〝弱点〟としたのは他に欠点や短所が見当たらないからで、感情の起伏はよほどのことがない限り抑えられますからね。それに多少は泣いたり笑ったりわかりやすい感情を表に出してくれないと、逆に人間味が薄く、冷たい人に見えてしまう。後は優等生の殻を破るためにも、日向坂以外の外仕事が増えることを願います」（『日向坂で会いましょう』制作プロデューサー氏）

欅坂46・菅井友香が激しいキスシーンで物議を醸した舞台『飛龍伝2020』とまでは言わないが、体当たりで挑む作品に出会って欲しい。

〝優等生の殻〟を破るために、必ず彼女の糧になるだろうから――。

高瀬愛奈

去って行った者と残った者への想い

『愛萌たち2期生が最終オーディションを受けた時の話なんですけど、
それぞれ何人かずつのグループに控室が分かれていて、
合格したメンバーが写真撮影を終えて控室に戻ったら、
最終に落ちた子たちが――
〝私たちの分まで頑張って〟と書いたメモを残して帰ったそうなんです』

最終審査に受かるか受からないかは、それこそ数%の差の中で決まる。

高瀬愛奈は、不合格でその場を立ち去った子の中に「合同オーディションでリベンジした子はいるのかな?」「日向坂じゃなくても、他のアイドルグループに合格したかな?」――と、彼女たちに想いを馳せる。

「まなふぃにとってはまったくの赤の他人だし、もちろん話したこともない相手。それなのにそこまで感情移入するのが、少し不思議だったんです」

某アイドル誌の坂道担当編集者氏は、まるで自分の親友や身内がその子たち（※不合格者）であるかのように、薄っすらと涙を浮かべながら話す高瀬愛奈について語った。

「何回も取材をするうち彼女が〝純粋で優しい〟性格なのはわかっていますが、自分が体験した話ではないわけで、ＹｏｕＴｕｂｅで〝泣ける話〟を見る独身ＯＬと変わりませんからね。でも詳しく話を聞いてみたら、彼女の気持ちがわかりました」

２期生オーディションの最終審査が行われたのは、２０１７年8月13日。

辞退者１名を含む10名が合格したが、その最終審査に進んだのはＳＨＯＷＲＯＯＭ審査にエントリーした候補者23名だった。

「何を隠そうまなふぃは、のべ４日間行なわれたこのＳＨＯＷＲＯＯＭ審査をチェックしていたそうで、顔出しの子と顔出しＮＧのラジオ配信（※音声のみ）の子たちに○×を付け、合格者予想を行っていたらしいんです。それを聞いて〝なるほど、だからそんなに感情移入していたのか〟と、合点がいきました」

実は高瀬、自分がオーディションを受けた時のことを思い出し、合格か不合格か、その瞬間まで心が張り裂けそうなギリギリの心境でいるのに、そんな時にもし自分だったら……

『落ちていたら祝福なんて出来ない。
たとえ〝心が狭い〟と笑われても、
私だったら一刻も早くその場から逃げ出したいだけ』

――と、そんな感傷にも苛まれていたのだ。

『前に愛萌とご飯に行った時、スゴい感動する話を聞かせてもらって、とても温かい気持ちになれたんです。

愛萌たち2期生が最終オーディションを受けた時の話なんですけど、それぞれ何人かずつのグループに控室が分かれていて、合格したメンバーが写真撮影を終えて控室に戻ったら、最終に落ちた子たちが――

〝私たちの分まで頑張って〟と書いたメモを残して帰ったそうなんです。

メモを読んだ2期生たちは「絶対にみんなの分まで頑張る！」と決めて、だから「何があっても絶対に諦めない」――って。

想いを託す、素敵な話ですよね』

――宮田愛萌からこの話を聞いてから、高瀬愛奈は「より一層、2期生のことが愛おしくなった」そうだ。

『私から見れば、
帰らなきゃいけない子たちに〝メモを残す気にさせた〟2期生の凄さというか、
そっちにも興味が湧いちゃうんですよ。
合格したみんなが性格が悪かったり、
〝私のほうが絶対に才能があるのに（不合格だった）〟……って少しでも感じさせたら、
彼女たちはメモを残す気にもならなかった。
2期生の性格が良くて、その上で才能を感じさせたからこそ、素直な気持ちでメモを書けた。
こんな素敵な話、他にありますか？』

――そう、合格した者たちは、志半ばで去って行った者たちの想いも背負っているのだ。
そうしたすべての想いを乗せて、日向坂46は前へと進んでいく――。

高本彩花

日向坂で〝もう一度やり直せる〟としたら……

『これまでの活動の中で〝もう一度だけやり直せる〟としたら、韓国の『MAMA』に呼ばれた時のパフォーマンスですね。もちろん久美のように『MAMA』の価値を知っているメンバーもいましたけど、〝このステージに立てる価値〟をみんなで共有したかったです』

昨年で11回目を迎えた世界最大級の音楽祭『MAMA』こと『Mnet Asian Music Awards』。〝音楽でアジアを一つにする〟をモットーに、近年は本国の韓国だけではなく、マカオ、シンガポール、ベトナム、日本、香港などでも授賞式イベントを開催。日向坂46は2018年、そんな『MAMA』に招待された。

日向坂46が韓国・ソウルで行われた『MAMA』に招待されたことは、当時、日本の芸能マスコミでは大きく取り上げられることはなかった。

「日本の地上波では中継されませんし、いわゆる〝受賞〟といっても日向坂のシングル曲がアジアで評価され、楽曲が受賞したわけではありませんからね。アジア各国の新人に話題賞的な新人賞を〝プレゼントする〟ようなものです。実際、日向坂はCDデビューしていませんでしたから」

音楽専門誌の編集長氏は「失礼ながら……」と前置きし、

「厳密に言えばそうですが、あれほどの音楽祭のステージに立つ、リハーサルから韓国のエンターテインメントに触れられることは、必ず将来的にプラスになる」

——と話してくれた。

「韓国では昔の日本のように主要地上波放送局ごとに音楽賞があり、BTS、EXO、TWICEなどの超人気アーティストもすべてに参加します。日向坂のメンバーは、めったなことでは見られない韓国の音楽賞を舞台裏で体験し、日本の音楽賞とのスケールの違いを肌で感じることが出来る。これは坂道シリーズの先輩はもちろん、全盛期のAKB48でも出来なかった体験です」

しかしもったいないことに、メンバーそれぞれが『MAMA』のステージをどう感じていたかは、高本彩花のセリフを聞く限りは怪しいものだった——。

『これまでの活動の中で〝もう一度だけやり直せる〟としたら、韓国の『MAMA』に呼ばれた時のパフォーマンスですね。メンバーは『MAMA』がどれほど大きな音楽賞か知らないし、仕事で韓国に来て、

〝BTSさんとかEXOさん、TWICEさんのステージを見れるかもしれない〟

……って浮わついたり、焼肉や化粧品の爆買いのほうを楽しみにしてたり、フツーの観光客気分でしかなかったから。

もちろん久美のように『MAMA』の価値を知っているメンバーもいましたけど、〝このステージに立てる価値〟をみんなで共有したかったです』

正直に言って、何も出来ずに『MAMA』のステージから下りた日向坂46のメンバーたち。

「やり直したい」と言う高本彩花だったが、彼女の中にもどこか〝物見遊山〟的な隙があったのではないだろうか。

『それは100%否定は出来ないかもしれないけど、
悔しいのはもっとちゃんと『MAMA』のステージの仕組みとか、
そういう部分まで事前に調べることに頭が回らなかった自分。
『MAMA』がスゴいのは当たり前で、憧ればかりが先行してしまった。
みんなに「MAMAはスゴいから」と言うんじゃなく、
「MAMAのここに注意してステージに上がろう」——と言えなきゃ、
意味がなかったんです』

いや、少なくともそこに気づけただけでも『MAMA』のステージに立つ意味はあっただろう。

もしリベンジの機会があれば、今度こそ日向坂46の存在を知らしめてくれるに違いない——。

東村芽依

〝笑顔〟の悩み

『お芝居でもダンスでも気持ちが入って真剣になればなるほど、なぜか周囲から「何で笑ってるの？」と怒られることがあって……。実際に笑っている時は「今笑ってる」のはわかるから、無意識にそうなっているのにツッコまれても戸惑いますよね。スタッフさんによっては「ふざけてんの⁉」と言う人もいるけど、私は本気で頑張ってるから残念な気持ちになります』

本人にはそんなつもりがないだけに、実際には指摘されるたびに悩み、苦しんだこともあるという東村芽依。あえて自己弁護すると、厳しいダンスレッスンを乗り越えるために「笑顔を忘れずにいよう」と頑張っていた頃があり、それが癖になっているのでは？……説もある。

「確かにスタッフの間でも〝相変わらず東村はヘラヘラしすぎでは?〟と何回か話題になったことがあります。この2年でそれがキャラクターにもなってますし、本人に〝さすがに年齢的にも(直したほうが)……〟と伝えましたが、まったく直しているようには見えませんねえ(苦笑)」

テレビ東京『日向坂で会いましょう』現場スタッフ氏によると「握手会などでも指摘され、ファンと険悪な雰囲気になったことも」あるらしい。

「彼女には〝ニコニコ〟と〝ヘラヘラ〟は全然違うぞ!――と言ったこともあります。どう違うのかを尋ねられたので〝丹生はニコニコ、東村はヘラヘラ〟と答えると、妙に納得していました。番組スタッフとして〝もったいない〟のは、彼女の高いポテンシャルが、そのうち〝あのヘラヘラしてる子ね〟で片付けられてしまうんじゃないか……そんな気がしてなりません」

身長153㎝と日向坂46で最も低身長だが、抜群の脚力や身体能力を誇り、2期生からも「めいめいさんぐらい大きく踊れたら幸せ」と言われるほど、高いダンススキルを持つ東村芽依。

元欅坂46・鈴本美愉と比べられることもあり、すなわちそれは坂道シリーズを代表する〝踊り手〟の証でもあるのだ。

「加入前にダンスをやっていた頃、ハードな曲を踊る時ほど〝笑顔で踊る〟をモットーにしていたそうです。人前で踊るなど緊張するシーンでも笑顔を作り、余裕があるように見せる。それが癖になっていて、番組収録で緊張する場面でつい笑顔を作ってしまう。なるほど、それは理に適っているように思います」（『日向坂で会いましょう』現場スタッフ氏）

すると問題は笑顔を見せることではなく、笑顔の〝種類、パターン〟にあるということか。

「それも東村に言わせると、ダンスを踊っている場面ではなく、何台ものカメラや大人たちに見つめられている中で笑顔を作ろうとしても、なかなか自然な笑顔にはならず、顔が引きつり、そんな自分が〝恥ずかしい〟と思い始めると、ヘラヘラ度が止まらなくなるようです」（同氏）

どうやら〝ヘラヘラ〟の秘密は本人的には説明がつくようだ――。

『お芝居でもダンスでも気持ちが入って真剣になればなるほど、なぜか周囲から「何で笑ってるの？」と怒られることがあって……。実際に笑っている時は〝今笑ってる〟のはわかるから、無意識にそうなっているのにツッコまれても戸惑いますよね。スタッフさんによっては「ふざけてんの⁉」と言う人もいるけど、私は本気で頑張ってるから残念な気持ちになります。「こうなったらもう、最初からずっと笑顔でやるしかないじゃん！」――って、最近は開き直ってますよ（笑）』


つまり彼女が〝ヘラヘラ笑顔〟をしている時は〝真剣な気持ち〟で集中しているということ。

それさえわかっていれば、彼女が〝ヘラヘラ笑顔〟で笑っているときの見方も変わってくるだろう。

本気で頑張っている東村芽依を、温かい目で見守ろうではないか――。

金村美玖

あの先輩が壊してくれた1期生との〝壁〟

『私はひらがなけやきに入る前から〝2.5次元〟の舞台が大好きで、
「チャンスがあれば舞台にも挑戦したい」──と、
オーディションでも話したりしてたんです。
だから『マギレコ』の10人に選ばれた時は本当に嬉しくて。
でも2.5次元の舞台そのものより、
1期生の先輩たちと距離が縮まったことが最大の収穫でした』

2次元のアニメ作品、コミックスを3次元の舞台として上演する〝2.5次元〟。通称『マギレコ』こと『マギアレコード 魔法少女まどか☆マギカ外伝』は、金村美玖がアニメとしても夢中になった作品。グループ内オーディションを突破し、出演することが出来たのは何よりも嬉しかったが、それにも増して親密になった〝あの先輩〟との関係が嬉しい。

「『魔法少女まどか☆マギカ外伝』は、アニメファン、2．5次元ファンにとっては〝神レベル〟の作品なのでしょうね。現場の人間に聞いたら、金村は目の色を変えて頑張っていたそうですから」

かつてテレビ東京『ひらがな推し』の立ち上げを担当した元制作プロデューサー氏は、

「後輩スタッフからメンバーの様子を教えてもらうたび、その2．5次元舞台だけはどうしても見たくなったんです。僕の知る〝意外にネガティブ〟な金村が、そこまで成長しているなんて」

――と笑顔で振り返る。

「彼女は中3でけやき坂に合格しましたが、当初は落ち着きがないというか、仕事に対して正面から向き合わず、いつもネガティブな逃げ道を選んでしまうタイプのメンバーでした。もちろんそんな時ばかりではないにしても、気になっていたのが、最初の頃の元気というか、自由闊達な魅力まで薄れてきたような……」

理由についてはいくつか考えられるだろうが、とにかく金村美玖は2．5次元、しかも『マギレコ』のオーディションに負けるわけにはいかなかった。

「現場にいた後輩のプロデューサーによると、1期生よりも意欲的だったのは2期生で、金村は特に〝キャラクターとの親和性〟でも目立ち、審査側は早い段階で〝（合格者の）10人に残す〟と決めていたとか。これでようやく、一つの才能が飛躍のチャンスを掴んだわけです」

さらに元制作プロデューサー氏が「思わぬ副産物だった」と頬を緩ませたのは、金村が1期生との間に「新たな関係性を築いたこと」と語る。

「別にそれまで1期生から苛められていたりとか、疎まれていたりとか、そういう話ではもちろんありません。ただ中3から高1にかけての少女から見れば、3つも4つも上の世代は未知の人種に等しい。どうやって自分から近づくか、仲良くなるかの方法も浮かばないし、先輩のほうから声をかけてもらえるのを待つしかない。しかし2期生は2期生の9人で固まりがちだったので、1期生にしてみれば〝声をかけられたくないように見える〟のも仕方がなかったでしょう」

確かにこの『マギレコ』以前の舞台『あゆみ』では全員参加だったから、そこではやはり2期生だけで固まっていたに違いない。

「その壁を壊してくれた1期生が加藤史帆で、しかも〝ターゲット〟にしたのが、金村だったのです」

『マギレコ』には富田鈴花、渡邉美穂、丹生明里、河田陽菜の4名も出演していたのに、加藤が積極的に絡んだのが金村。

この事実は彼女に大きな自信を与える——。

『私はひらがなけやきに入る前から〝2．5次元〟の舞台が大好きで、

「チャンスがあれば舞台にも挑戦したい」――と、オーディションでも話したりしてたんです。

だから『マギレコ』の10人に選ばれた時は本当に嬉しくて、

「こんなに早く夢が叶っていいの⁉」――と興奮したんですけど、

〝観る〟立場と〝演じる〟立場はこんなにも違うのか……と最初は打ちのめされてました。

当たり前ですよね（笑）。

でも2．5次元の舞台そのものより、
1期生の先輩たちと距離が縮まったことが最大の収穫でした』

――そう話す金村は、今も加藤史帆との親しい関係を続け、時には食事や買い物にも一緒に出かける。

そうして先輩たちに目をかけてもらえたことを、次は金村が3期生たちに。

そうやってグループはますます強くなるのだから。

河田陽菜

「〝出来ません〟とは言いたくない」――ポリシー

『この世界に入って、私たちが〝プロ〟として初めて受けたオーディションが、2期生から1人だけが合格する『Re：Mind』のドラマオーディション。もちろんセリフなんか人前で話したことないけど、ドラマは好きだし「何とかなるかも」と思っていたら、ほんの3秒で何も出来なくなってしまって……』

決して自信があったわけではないが、心のどこかで「何とかなる」と甘く考えていたオーディションで固まってしまい、完膚なきまでに叩きのめされた河田陽菜。その場から走って逃げ出したくなったほどの経験は、間違いなく彼女の糧になった。「これからは個人としても羽ばたけるように、自分の弱さと向き合って強くなりたい」――それが彼女の願い。

「あのオーディションの話を聞くと、誰もが『美穂には何をしても敵わなかった』――と口を揃えるほど、渡邉美穂の演技力が抜けていたそうです。音楽番組と違い、ドラマにはそう簡単には出られない。少ないチャンスをいかに活かすか――これからのメンバーの課題でしょう」

2期生たちもこの2年の間、様々な経験を積んだ。

誰一人として『Re：Mind』オーディションの頃と同じ人間はいないし、こと演技の面でいえば、舞台を経験して飛躍的に成長した松田好花、金村美玖、富田鈴花などもいる。

話してくれるのは、テレビ東京『日向坂で会いましょう』制作スタッフ氏だ。

「もちろん河田陽菜もその一人で、1期生と2期生の全員が出演した『あゆみ』は別としても、選抜された10人での『マギアレコード 魔法少女まどか☆マギカ外伝』では〝暁美ほむら〟役を演じ、演技慣れしている1期生の加藤史帆、齊藤京子らと互角の芝居を見せてくれました」

河田といえば、とにかく周囲から愛されるタイプで、最年少でもないのに不動の〝妹キャラ〟をキープ。

また2期生9人の中では自他ともに認める〝アイドル好き〟で――

『いつか自分も〝見ている人に影響を与えられる〟アイドルになりたい！』

――と夢を語るほど。

「彼女自身、AKB48の全国握手会で前田敦子と握手をして舞い上がった経験があり、ヲタク……特に自分と同じくアイドル好きの女子の気持ちがよくわかるそうです。ただ日向坂の女子人気は加藤史帆と齊藤京子がツートップで、彼女は『男性ファンだけじゃなく女性ファンも増やしたい』――と、アピール方法を探っています」（『日向坂で会いましょう』制作スタッフ氏）

坂道シリーズは個人のSNSが解禁されていないが、もしその日が来たら――

『やっぱりYouTubeで女子力動画を上げるのが手っ取り早いんですかね？　でも女性ユーチューバーはほとんどメイク動画をやってるし、今さら同じことをしても……』

――などと、河田はかなり本気で準備だけは進めていると聞く。

「『決まってから始めても遅い』——が彼女の口ぐせ。それはYouTubeに限らず、日々、アイドルとしての修練を欠かさないそうです」(同氏)

MCに定評があるアーティストのライブ動画を探しては〝どんなフレーズやノリで煽ればファンがブチ上がるのか?〟など、常にMCの研究も怠らないという河田。

いつ自分にそんな役割が回ってきても——

『〝出来ません〟とは言いたくない』

——が、河田陽菜のポリシーなのだ。

『この世界に入って、私たちが〝プロ〟として初めて受けたオーディションが、2期生から1人だけが合格する『Re:Mind』のドラマオーディション。もちろんセリフなんか人前で話したことないけど、ドラマは好きだし「何とかなるかも」と思っていたら、ほんの3秒で何も出来なくなってしまって……。
テレビで見るアイドルや女優は、
いつもこんなに厳しいオーディションを経験しているんだと思うと、ただただ尊敬の一言しかありません。
皆さんも苦労や挫折は早めに経験されたほうがいいですよ（笑）』

――そう話す河田陽菜。

「ルックスと妹キャラに似合わず、誰よりも〝努力と根性〟を信じる女の子」

――いつかそんな評判を取りそうな気がしてならない。

小坂菜緒

〝センター〟の重圧と苦悩

『いつも励ましてくれた好花や愛萌、
明里をはじめとした同期がいなかったら、
優しい先輩たちが見守ってくれなかったら、
私はプレッシャーと被害妄想に押し潰されていたと思います』

センターポジションに立つエースの苦悩は、そこに立った者にしかわからない。坂道シリーズで単独センターを複数回経験しているのは、坂道8年の歴史の中で生駒里奈、白石麻衣、西野七瀬、齋藤飛鳥、平手友梨奈、そして小坂菜緒のわずか6名。その重みは、他のメンバーの誰も共有することが出来ないのだ。

「彼女にとっては幸か不幸か、日向坂は先輩の1期生も同期の2期生も、彼女に対して余計な〝嫉妬〟をぶつけない性格の集まりだったことが、迷いながらも頑張れた理由の一つでしょう。表向き不満を口にするメンバーがいないことは〝幸〟ですが、逆に不満をぶつけてもらったほうが楽なケースもあり、その点では〝不幸〟でもある。ただこれだけは言えるのは、間違いなく小坂はセンターとして〝認められている〟こと。だってみんな、楽しそうですもん」

デビュー曲『キュン』から『ドレミソラシド』『こんなに好きになっちゃっていいの？』『ソンナコトナイヨ』と、この1年間で4曲連続〝センター〟ポジションに立つ小坂菜緒。

実は日向坂46がデビューしてから1年間の同じ期間（2019年3月から2020年2月までの間）にリリースされた坂道シリーズのシングル曲は、乃木坂46が『Sing Out!』『夜明けまで強がらなくてもいい』の2曲、欅坂46は条件が1週だけズレるが、2019年2月27日発売『黒い羊』の1曲のみ。

つまり小坂は日向坂46のセンターであると同時に〝坂道シリーズのセンター〟と言っても過言ではないほど、前面に露出してグループを引っ張ってきたのだ。

「乃木坂は白石の卒業シングル『しあわせの保護色』が2020年3月25日発売ですが、それを入れたとしても3曲ですし、その3曲ともセンターが違う。シングル曲のリリース状況が如実に物語るのは、小坂こそが〝アイドル界の頂点に立つ人間〟だということです」

こう断言するのは、TBSの音楽番組を担当するディレクター氏だ。

「もちろんシングル曲のセンター回数だけで頂点が決まるわけではありませんし、厳密にはシングル曲の売り上げ枚数や総売り上げなど、様々な視点から数字を突き詰めていけば、小坂以外のメンバーの名前も挙がるでしょう。しかしだからこそ〝今の坂道シリーズで誰が一番センターを務めているか?〟の、単純な見方が重要になる。誰が何と言おうと、ここ1年間の坂道シングルで最も多くセンターに立っている――それは小坂菜緒なんですから」

果たしてSony運営の思惑も気になるが、そこまでのプレッシャーを、よくぞCDデビュー1年で跳ね返せたものだ。

『それは本当、どんどん被害妄想の沼に沈んでいきました。
だって逆の立場だったら、絶対に〝何なの? あの子〟と思いましたもん(苦笑)。
最初から2期生のセンターで、『Seventeen』専属モデルになって、
全体曲では先輩を差し置いて真ん中のポジション。
別に飛び抜けて可愛いわけでも踊れるわけでもないヤツが、ずっとその場所に立ってるなんて。
いつも励ましてくれた好花や愛萌、明里をはじめとした同期がいなかったら、
優しい先輩たちが見守ってくれなかったら、
私はプレッシャーと被害妄想に押し潰されていたと思います』

――〝センターゆえの重圧〟について、包み隠さず本心を語った小坂菜緒。

日向坂46の特徴でもあるチームワークや絆、仲の良さは、度がすぎると全員で誤った方向に傾いてしまうこともある。しかしアイドル界の王道、ど真ん中を小坂菜緒が外さずに歩くことによって、日向坂46そのものが〝センター〟としての存在感を放つことが出来るのだ。

新たに加入した3名を含めた現状の21名、影山優佳が復帰すれば22名の彼女たちこそ、間違いなく2020年代の主役になるだろう――。

富田鈴花

向上心の〝原点〟にある悔し涙

『あの時に流した涙が私の原点になっています。
最終審査の前はどんな順位でもいいから合格すれば満足だったのに、
いざ現実に直面すると「(自分は)バックダンサーかよ!」——って。
頭の中では「無理」だとわかっていたハズなのに、
悔しくて悔しくて堪らなかった』

ひらがなけやき追加オーディションに合格し、晴れて2期生として活動を始めた9人。あれから2年半以上の歳月が流れ、今ではすっかり〝いい思い出〟と化している初期のエピソードだが、富田鈴花は「あの時の涙の味は絶対に忘れない。忘れてはいけない」——と、あえて言葉にする。

「あれだけプロフィールで〝パリピ〟を連呼していた女の子と同一人物とは思えない、むしろ正反対の性格に見えましたから。でもあの悔しさがあったからこそ、彼女は自らをパリピキャラにして〝前に出る〟きっかけにしていたのではないか？　——今ではそう思っています」

日向坂46の舞台裏を追いかける〝記録映像〟の仕事を手掛けていたディレクター氏は、

「彼女たちに限らず、舞台裏のアイドルたちは本当に厳しく、そして辛い毎日を送っています。時には撮影している僕らのほうが、彼女たちの姿を捉えることがしんどくなる。僕は1年ほどで耐えられなくなって辞めましたが、ずっと彼女たちを気にしてはいました」

——と、当時のことを振り返る。

「乃木坂、欅坂、そしてあの頃はひらがなけやきでしたが、彼女たちは活動の半分ぐらいは常にカメラに追いかけられています。最初の頃は気が抜けないというか、カメラを意識して気を張ってますけど、そのうちカメラがあるのが〝当たり前〟になり、彼女たちも自分の感情をさらけ出すことを厭わなくなる。48グループも坂道シリーズも、ドキュメンタリーに映る彼女たちは本物の〝リアル〟です」

富田鈴花は当初、それほど目立つタイプではなかったそうだ。

「オーディションに合格したのですから、可愛い女の子なのは間違いありません。しかし2期生たちはみんな大人しいというか、お互いの様子を窺いながら、あえて〝横並びで歩こう〟的な、そんなイメージが強かったですね」

マラソンのゴールで手を繋いだままゴールテープを切る、皆さんもそんなシーンをご覧になったことがあるだろう。

「イメージはそんな感じ（笑）。もちろん雑誌の取材などで微妙な扱いの差を感じることはあっても、公式に2期生内の序列を付けられたわけではありませんからね」

だがそれも時間の問題だった。

2期生初めてのオリジナル曲『半分の記憶』のポジション表が、残酷な〝立ち位置〟を彼女たちに思い知らせたからだ。

「センターに小坂菜緒。その両サイドに河田陽菜と渡邉美穂。この3人が1列目で、残りの6人は2列目扱い。そして富田は下手（※向かって左）の端で、逆サイドの濱岸ひよりとともに序列〝最下位〟の烙印を押されてしまったのです」

9人のポジションが決められた直後、まずは堰を切ったかのように富田が泣き崩れると、同じ扱いの濱岸も涙が止まらなくなってしまった。

「これが先輩たちと合わせて20人の中から選ばれた〝9人選抜〟ならともかく、2期生が全員参加する曲でしたからね。2人は暗黙の了解で〝どんケツ〟なのを思い知らされたわけです」

富田と濱岸はもちろん、2列目の6人はまるでバックダンサーのような気持ちになったという。

『あの時に流した涙が私の原点になっています。

今思えば「何であんなに泣いちゃったんだろう?」……と、結構恥ずかしいんですけどね(苦笑)。

最終審査の前はどんな順位でもいいから合格すれば満足だったのに、

いざ現実に直面すると「(自分は)バックダンサーかよ!」――って。

頭の中では「無理」だとわかっていたハズなのに、悔しくて悔しくて堪らなかった。

でも私の中にそんな感情が芽生えたことは、向上心の現れでもあると思います』

――後にこう振り返った富田鈴花。

しかし今では——

『最初があのポジションで良かった。
だって上るしか道はないですから』

——と、過去をポジティブに捉えている。

そう、勝負は最初に決まるわけではない。
最後の最後、芸能界のフロントランナーでいた者が勝者になるのだから。

丹生明里

剣道から学んだ精神、仲間との絆

『2期生になって、
アイドルになる前に想像していた未来とはまったく違う、
何も思い通りにいかない時も、
剣道から学んだことを一つずつ思い出して、
それで挫けずに進んでくることが出来たんです』

剣道三段の腕前を番組で披露することもある丹生明里だが、武道を通して学んだ精神や仲間との絆は、アイドルになった彼女の〝芯〟を作ってくれている。時に〝女優の小芝風花似の癒し系〟と言われるが、なかなかどうして、根っからの体育会系体質だ。

「一時は番組でも〝凛とした〟剣道少女として腕前を披露していましたが、今はその凛々しさを残しつつも、癒し系の笑顔プラス天然のリアクションが魅力的。いかにも〝ギャップ系女子〟の丹生ちゃんです（笑）」

テレビ東京『日向坂で会いましょう』制作スタッフ氏は、「僕らがこう言うのはあまり良くないのですが……」と前置きをしつつ、「おそらく丹生ちゃんは坂道シリーズ随一、スタッフ人気が高いメンバーだと思います」――と明かした。

「生粋の体育会系だけに挨拶と敬語がしっかりしていて、初めて丹生ちゃんと話した裏方さんはみんな驚きます。いや、他の坂道メンバーがダメという意味じゃありませんよ」

こんなところにも剣道で培った彼女の素養が出ている。

「普段のニックネームが〝名字＋ちゃん〟付けのアイドル、タレントさんは、何よりもスタッフから好かれている証拠。特にテレビ界の人間は身内意識を感じる相手に自然と〝ちゃん〟を付けるので、少なくとも彼女を〝丹生ちゃん〟と呼び始めた番組スタッフやオードリーは、依怙贔屓がばれない程度に、陰で彼女を支えています」

これがあながち冗談ではないのが、丹生が舞台出演で上手く演じられずに悩んでいると聞くと、次から次へと我先にアドバイスしたがる大人たちが後を断たなかったことでもおわかりだろう。

「逆に何種類、何十種類もアドバイスをもらっても混乱するし、余計に悩むだけでしょうが、でもそんな風に〝丹生ちゃんの力になりたい〟スタッフにも、いちいち『ありがとうございます！』――と感謝の気持ちと笑顔を返したりするもんだから、さらに丹生ちゃんのギョーカイ好感度が爆上げしてしまうワケです（笑）」

そもそも丹生は欅坂46の『サイレントマジョリティー』の歌詞に勇気をもらい、そして欅坂46に興味を持ち始めたところで長濱ねるの存在、たった一人の〝ひらがなけやき〟であることを知り――

『自分も〝あっち側の人〟になりたい』

――と強く願うようになったという。

「そんな丹生ちゃんの笑顔にこれまで数え切れないほどの視聴者が癒され、明日への勇気をもらったに違いありません。いつしか丹生ちゃん自身も〝無理をしない〟〝自分を偽らない〟ことで気持ちが楽になり、舞台で〝役を演じる〟のではなく〝役に入り込む〟ことで演技力に磨きをかけました」（『日向坂で会いましょう』制作スタッフ氏）

丹生自身もこの1年間で少しずつ変わってきている——。

『剣道はお兄ちゃんがやってるからめちゃめちゃカッコよく見えて、
それで自分もやってみたくなったんです。
小3からひらがなけやきに入るまで頑張った剣道は、私にたくさんのことを教えてくれました。
2期生になって、
アイドルになる前に想像していた未来とはまったく違う、
何も思い通りにいかない時も、
剣道から学んだことを一つずつ思い出して、それで挫けずに進んでくることが出来たんです』

この謙虚さと剣道から学んだ精神を武器に、丹生明里はこれからも挫けず前に進んでいくだろう。
将来的に芸能界で生き残っているのは、彼女のように〝身内（テレビ界）の応援団に支えられている〟アイドル、タレント、俳優であることも、最後に付け加えさせていただくとしよう。

濱岸ひより

けやき坂を取るかバレエを取るか……迷いを断ち切るために

『私は全然子供でお母さんが私のためにしてくれたことがわからなくて、
もうめちゃめちゃ反抗しちゃったし、
二度と口に出来ない汚い言葉をぶつけたりしちゃったんです。
冷静になるまでは時間がかかったけど、
でもその経験があってひらがなけやきのメンバーになり、
こうして日向坂46のメンバーにもなれている。
休業して心配かけちゃった分、でっかい仕事で恩返ししてみせますよ』

けやき坂46追加メンバーオーディションに合格した濱岸ひよりは、当時、地元バレエ教室で出色の才能を発揮する生徒の一人だったが、〝二兎を追う者一兎をも得ず〟のことわざ通り、けやき坂を取るかバレエを取るか、その瀬戸際に立たされてしまった。そんな濱岸の運命を決めたのは、いつも彼女の味方でいてくれた母だったのだ。

「3才の頃から続けてきたバレエを取るか、オーディションに合格したけやき坂を取るか……少々、失礼な言い方に聞こえるかもしれませんが、けやき坂と天秤にかけられるほどですから、バレエの腕前も並外れていたのではないでしょうか」

2期生デビュー当時、濱岸ひよりの取材を何回も行っているライター氏は、

「だから彼女が休業した時、これまでのどの坂道メンバーよりも心配したんです。本気で取り組んでいたバレエを捨て、上京してまでアイドルの道を選んだのに……と」

ライター氏の言葉にもあるように、濱岸は地元のバレエ教室で才能を高く評価され、近い将来、海外留学も夢ではないほど有望な生徒だったという。

「一方ではおシャレが大好きでモデルに憧れ、実際にオーディションも受けたこともあったそうです。またアイドルにも興味を持ち始め、他の多くのひらがなけやきメンバー同様、長濱ねると一緒に活動したくてオーディションに応募したと話していました」

いずれにしても濱岸は、坂道シリーズのオーディションを楽に突破するほどの逸材に違いない。

「なまじ逸材だったお陰で、〝けやき坂とバレエを両立させることが出来る〟と本人は思い込んでしまったのでしょうね。しかしここで冷静だったのが親御さんで、濱岸が東京に行っている間に、何とバレエ教室に退学届けを出してしまったというのです」

ちゃんと話し合えば誤解を生じることもなかったのだろうが、この時、バレエ教室は大切な発表会を控えていたらしく、濱岸の母は娘の夢を優先させると同時に、教室にかかる迷惑を減らすために退学届けを出したのだろう。

「決してバレリーナを目指す夢を蔑ろにしたわけではなく、これまで目を輝かせてモデルオーディション、けやき坂46オーディションに挑んだ娘の姿を見てきたからこそ、先に未練を断ち切ったのでしょう」

今では笑い話だが、この時、濱岸はお父さんに高級ホテルまで送らせる、異例の〝家出〟を決行している。

『私は全然子供で、お母さんが私のためにしてくれたことがわからなくて、
もうめちゃめちゃ反抗しちゃったし、
二度と口に出来ない汚い言葉をぶつけたりしちゃったんです。
お母さんはいつも私の味方だったから、私の邪魔をするようなことはしないのに、
「どうして?」……としか思えなくて。
冷静になるまでは時間がかかったけど、
でもその経験があってひらがなけやきのメンバーになり、
こうして日向坂46のメンバーにもなれている。
休業して心配かけちゃった分、でっかい仕事で恩返ししてみせますよ』

――当時を振り返ってそう話す濱岸ひより。
今ではお互いに誰よりもわかり合える、素敵な母娘関係を築いている。
いずれ〝でっかい仕事で恩返し〟する日が来るはずだ。

松田好花

〝プロデューサー兼アイドル〟としての資質

『当時は京都に住んでいて、
〝いきなり呼び出せないから〟の理由で、
いくつかの仕事で外されるようになって、
同じ地方組の陽菜やひよりと「辛いね」って話していたら、
すぐに陽菜が呼ばれ始めて……。
割と早い内に「これが〝推され〟と〝干され〟か」――と知りましたね（笑）』

大人数グループのメンバーになると、どうしても避けては通れないのが〝推され〟と〝干され〟のどちらかを背負わなければならない宿命。2期生のスタートは〝推されの3人〟〝干されの6人〟からスタートしたが、2年以上が経過した今、その差はほとんどないに等しい。

「好花は冗談で『陽菜も最初は干され仲間で、一緒に集まって朝まで語り合ったんですよ』――などと言って、クスクスと笑っています。小坂菜緒は全体のセンターですが、渡邉美穂と河田陽菜を含め、残る8人はもう横並びでしょう。それぞれがいい味を出してますからね」

テレビ東京『日向坂で会いましょう』制作プロデューサー氏は、「番組を通して驚かされたのは2期生の成長」と前置きし、その要因を2つ挙げてくれた。

「まず最初は小坂のセンター固定です。デビュー曲から4曲目までセンターを務めたことで、日向坂46の方向性というか、毛色がハッキリした。小坂を含む何人かでセンターを回した場合、日向坂の〝顔〟が見えなくなりますからね」

かつて秋元康氏は――

『他のメンバーが台頭してくるまでは強引にでもセンターを固定し、そのグループのイメージを定着させなければならない』

――と語ったことがあった。

ＡＫＢ48は前田敦子、ＳＫＥ48は松井珠理奈、そしてＮＭＢ48は山本彩。

坂道シリーズも乃木坂46の生駒里奈、欅坂46の平手友梨奈、日向坂46の小坂菜緒。

「センターが先輩の1期生ではなく同期の2期生で、彼女たちの間には『いくらセンターでも、同期の菜緒には食らいつかなきゃ』――の気持ちが芽生え、〝どうすればアピール出来るか〟を自分たちで考えるようになった。この〝自分たちで考える〟ことがとても重要で、いくら周りの大人たちが〝頑張れ〟と鼓舞しても、なかなかその気にならないのが現代の女の子たちなのです」（『日向坂で会いましょう』制作プロデューサー氏）

そしてもう一つの要因が、1期生が〝邪魔をしない〟こと。

「1期生は自分たちが〝長濱ねる〟のチームになるために応募してきたからか、オリジナルメンバーにありがちな妙なプライドがありません。極端に言えば〝ねるが1期生で自分たちは2期生、小坂たち2期生は3期生〟的な感覚で順序をつけている。そのため後輩の頭を押さえつけたり、頑張って前に出ようとするところを邪魔したり、失礼ながら乃木坂の1期生が2期生を目の敵にしていたのとはワケが違うのです（苦笑）」（同氏）

さすがメンバーを見守るプロデューサーだけあって、見事な分析だ――と思いきや、

「申し訳ない。これ全部、好花の受け売りなんですよ(笑)」

――と言うから、これ以上の驚きはあるまい。

『私はアイドルの世界なんてまったく知らないから、
ひらがなけやきに合格した最初の頃は、
「どんな仕事でも2期生みんな一緒に行動する」――と思ってたんです。
でも当時は京都に住んでいて、
〝いきなり呼び出せないから〟の理由で、いくつかの仕事で外されるようになって、
同じ地方組の陽菜やひよりと「辛いね」って話していたら、すぐに陽菜が呼ばれ始めて……。
割と早い内に「これが〝推され〟と〝干され〟か」――と知りましたね(笑)』

近い将来、「好花には2期生プロデュース、3期生プロデュースをさせてみたい」と言う制作プロデューサー氏。

なるほど、彼女のこの見事すぎる分析力があれば、松田好花は「プロデューサー兼任アイドル」として〝時代〟を作るかもしれない。

宮田愛萌

2期生にとっての〝保健室の先生〟

『2期生の最終審査で合格してメンバー全員の顔とプロフィールを見た時、
最年長の私に〝このグループで何が出来るか？〟を考えたら、
学校の保健室の先生みたいに、
「悩みや相談を昼休みや放課後に受け入れてくれる、
そんな存在になろう」
――と決心したんです』

グループアイドルには途中で挫折して活動を辞退したり、やむを得ない事情で卒業を選択するメンバーが何人か出てしまうのが常。しかし宮田愛萌は「出来るだけそうさせない」ためにも、「メンバーの精神面を進んでケアする役割を担いたい」――と、真っ先に手を挙げた。

「かつて乃木坂46の深川麻衣は、グループ在籍中に〝聖母〟と呼ばれていました。いつも優しげな表情でメンバーを見守り、穏やかな性格と何でも受け入れる度量の大きさを持っていたからです。そんな深川でさえも、宮田の前では存在が霞んでしまう。それほど彼女は2期生の精神的な支柱であり〝優しさの象徴〟。絶対に欠かせない唯一無二の存在なのです」

テレビ東京『日向坂で会いましょう』制作スタッフ氏は、

「何が驚いたかって、彼女はその役割を2期生の合格発表の時から〝意識していた〟ということです」

――と、立て板に水の語り口調で宮田愛萌を絶賛した。

「聞くところによると、宮田は中高一貫の女子校から大学に進学し、1年生でオーディションに応募。見事に合格したまでは良かったものの、ご両親の反対が凄まじかったそうです。それでも自分の夢を叶えるために抵抗し、何とか〝4年で卒業する〟〝司書の資格を取る〟ことで許しを得た。それを聞いてしまうと、日向坂がブレイクすればするほど心配になりますよね。トップアイドルの忙しさで大学に通うのはなかなかのハードワークですから」

〝大学を4年で卒業〟とは、嵐が結成された時に櫻井翔（※デビュー5ヶ月後に慶應義塾大学に入学）がご両親から課された条件と同じ。

「番組では時おり〝ぶりっこキャラ〟を見せる宮田ですが、簡単なリハーサルにも真面目に取り組んでくれるので、こちらとしては頼りにするメンバーの一人。自らを規範とすることで2期生を引っ張る、そこはいかにも同期最年長メンバーらしい行動です」

そんな宮田が〝保健室の先生〟とは、どういうことなのか。

「彼女は実際に高校1年から3年まで〝保健委員〟を務めていて、普段の授業中、特に体育の授業中はクラスメイトの体調にはいつも気を遣い、肉体面だけではなく精神面のサポートに最も気を配ったそうです」(『日向坂で会いましょう』制作スタッフ氏)

アイドルの常識は女子高生の非常識で、女子高生の常識はアイドルの非常識。

それほどかけ離れた世界であっても、宮田は――

『アイドルも女子高生も悩み苦しみ、誰かの手助けが欲しくなる点では同じ。

2期生で最年長の私だからこそ、経験を活かしてサポートすることが出来る。

こっちはダテに年喰ってませんから(笑)』

――と、信じてやまない。

「それぞれのジャンル、歌や踊りでメンバーを引っ張ることは出来なくても、みんなが口々に『愛萌の所に来ると気持ちが落ち着く』と言ってくれるだけで、彼女は『私がこのグループにいる意味がある』――と胸を張る。まさに深川を上回る〝聖母マインド〟の持ち主ですよ」（同氏）

まさに〝日向坂46の聖母〟、それが宮田愛萌なのだ。


『2期生の最終審査で合格してメンバー全員の顔とプロフィールを見た時、最年長の私に〝このグループで何が出来るか？〟を考えたら、学校の保健室の先生みたいに「悩みや相談を昼休みや放課後に受け入れてくれる、そんな存在になろう」――と決心したんです。

自分自身が上を目指すことはとても大切だけど、この9人が誰一人欠けることなく、一つの目標に向かって行けるように』

――彼女のような存在がいれば大丈夫。

2期生9人は、一つの目標に向かって一人も欠けることなく全員で進んで行けるはずだ。

渡邉美穂

〝センター〟への強い想い

『ずっと（小坂）菜緒の背中ばっかり見てますけど、
「いつか私がその場所を奪ってみせる！」
――という気持ちは、もちろん忘れずに持ってます。
菜緒のことをライバル視したりとかの意味じゃなく、
センターに立つ〝快感〟を知る者として、
あの気持ち良さはクセになりますからね』

2018年1月30日から2月1日にかけての『けやき坂46 武道館3Days』コンサートで、2期生に任された日替り曲のうち1曲のセンターを任された渡邉美穂。しかもそれが最終日の『制服のマネキン』で、乃木坂46にとって革命的な4thシングルだったのだ。

「あの時、2期生9人だけで披露した日替り曲は、初日から順に『おいでシャンプー』『君の名は希望』『制服のマネキン』でした。もう2年前の出来事です」

某アイドル誌で坂道シリーズを担当する編集者氏は、事前に予想されていた〝2期生楽曲〟が何になるか、楽しみで仕方がなかったと振り返る。

「その3曲の選曲はまさに〝神〟ですよ。まず乃木坂2ndシングルの『おいでシャンプー』は、メンバーが背中側に連なる振付が可愛くて、ファンの間ではデビュー曲の『ぐるぐるカーテン』よりも人気が高い定番曲。5thシングルの『君の名は希望』は乃木坂の代表曲で、紅白歌合戦に初出場した時の歌唱曲。そして4thシングルの『制服のマネキン』はデビュー曲から3曲続いた王道アイドルソングから一変したマイナー調のダンスミュージックで、あの平手友梨奈がこの曲を聞いて乃木坂46に興味を持ったエピソードでも知られています」

その楽曲のセンターに指名された時、渡邉はさぞや緊張したかと思いきや――

『そんな感覚はまったくなかった』

――と言うから驚きだ。

「渡邉をはじめメンバー全員が当然のようにこの楽曲を知っていますが、他の2曲も含め、その〝重み〟までは感じていなかったそうです。『乃木坂さんのヒット曲、カラオケでも歌ったことはあるけど……』とメンバーが戸惑ったのには〝ある理由〟がありました」（坂道シリーズ担当編集者氏）

それは彼女らにとっては乃木坂46の楽曲を日本武道館で披露する〝現実味〟がなく、曲に対する思い入れがまったく湧いてこなかったからだ。

「それがまだ欅坂46の楽曲なら、1期生にも相談しながら煮詰めていくことが出来たでしょうが、乃木坂46の、それも初期の曲となると『文化祭で乃木坂ヲタの女子がコピーしているみたい』……と、なかなか気持ちを作れなかったようです」（同氏）

小坂菜緒センターの『おいでシャンプー』、河田陽菜センターの『君の名は希望』、そして渡邉美穂センターの『制服のマネキン』。

そこで2期生たちは……

『なぜこの3曲が選曲されたのか?』

『1曲をキッチリと作り込んだほうがいいのではないか?』

『そもそも何で乃木坂さんの曲なのか?』

――など、車座になって自分たちの意見や疑問をぶつけ合い、そして、

『この3曲を全力でやり切れば、

きっとお客さんは私たちにもっと興味を持ってくれるハズ!』

――と、9人の気持ちを一つにしてレッスンに臨んだのだ。

『ずっと（小坂）菜緒の背中ばっかり見てますけど、

「いつか私がその場所を奪ってみせる！」

——という気持ちは、もちろん忘れずに持ってます。

菜緒のことをライバル視したりとかの意味じゃなく、
センターに立つ〝快感〟を知る者として、あの気持ち良さはクセになりますからね。

私たちが初めてファンの皆さんに「これが2期生のパフォーマンスです!!」とお見せしたあの時、

『制服のマネキン』のセンターに立って、全身の毛穴がブワッと一斉に開いたようなあの快感。

忘れられるワケがない』

——そう語る彼女が、いずれセンターに〝返り咲く〟日もやって来るに違いない。

ちなみにこの『制服のマネキン』は、ＡＫＢ48のメジャー（デビュー）２ｎｄシングル『制服が邪魔をする』の発展型で、欅坂46のデビュー曲『サイレントマジョリティー』の原型になったことでも知られている。

偉大な楽曲の背景に負けじと、渡邉美穂は見事に大役を務め上げたのだ。

上村ひなの

たった一人の3期生として

『今思い返してもドキドキしますけど、反省点もたくさんあります。
「どうしてあの時、
もっと上手なリアクションが取れなかったのかな」
……って』

たった一人の3期生としてお披露目された時、メンバー同士の〝けんかドッキリ〟を仕掛けられた時のVTRが流され、ただ泣きじゃくるリアクションしか映らなかった上村ひなの。あれから1年数ヶ月、「早く次のドッキリを仕掛けてくれないかな」と密かに期待していたりして……。

「当時メンバーも言ってましたけど、少し遠目に見たひなのは〝ねるちゃんソックリ〟でした。今回の研修生配属で〝新3期生〟は4人になったので、ひなのが先頭に立って3期生の存在感をアピールしていって欲しい」

2018年12月の『ひらがなくりすます2018』でお披露目された上村ひなのも、気づけば間もなく加入から1年半。

CDデビューから生活が一変した日向坂46メンバーの中でも、より目まぐるしい毎日を送ったメンバーだろう。

「2004年4月12日生まれのひなのは、加入した時は中学2年生。この春から高校に入学するわけで、誕生日が早い分、すぐに16才になりますからね。いろいろな制約も取れ、活動の幅が広がるので期待出来ます」

――日本テレビ系『B－NGO!』シリーズ担当プロデューサー氏は、上村ひなのについての期待を話す。

テレビやラジオ、コンサート等、芸能活動における未成年メンバーの夜間〝生出演〟は、労働基準法により出演制限がかかっている。たとえば中学生メンバーの場合は21時までしか出演することが出来ないし、18才未満は22時がお仕事の限界だ。

「テレビの生出演は事務所と局側の話し合いで出番を調整することが出来ますが、コンサートが長引き、中学生メンバーが途中から引っ込んでしまうのは〝あるある〟の光景。今年の紅白歌合戦に2回目の出場が叶った際には、去年と違って22時までは出演可能なので、演出上、日向坂がキーパーソンになるような使い方もしてもらえるでしょう」（同氏）

いよいよ高校生になり、本人も冒頭のセリフにあるようにヤル気満々だが、件の〝ドッキリ〟とはどんな内容だったのだろう。

「坂道合同オーディションに合格し、ひらがなけやきに配属されるメンバーが挨拶に来ると知らされたメンバーたちが、本当のひらがなけやきはハッピーオーラの〝ハ〟の字もないほど仲が悪い設定で、上村をドッキリにハメました。メンバー同士のケンカが始まり、ネタバラシをした時の上村のリアクションが〝マジ泣き〟だったので、これはもう〝リアクションとしてはあまりにも普通すぎるだろう〟……と、本人もガチで反省しきりだったようです（苦笑）」（同氏）

オーディションに合格した直後はまだ素人に〝毛さえ生えていない〟レベルなのだから、致し方ないのではないか。

だが本人は――

『そこで私を甘やかしちゃダメなんです！』

――と、おカンムリのご様子。

『今思い返してもドキドキしますけど、反省点もたくさんあります。「どうしてあの時、もっと上手なリアクションが取れなかったのかな」……って。私、ずっと〝ちょっと変わった最年少の子〟扱いされているのは知ってますし、まだ全然日向坂46に貢献出来てないのはわかってるけど、それでも温かくてハッピーなこのグループが大好きだから、今度ドッキリを仕掛けられた時は、10年後まで「あの時のひなのは最高だった！」――と言ってもらえるように頑張ります。だから出来れば、先に内容を教えて欲しいんですよね』

――先にネタを知っていたらドッキリにはならない（笑）。

そんな上村、実は先輩たちに——

『研修生たちにもドッキリを仕掛けるんですよね⁉』

——と、目を輝かせて期待していたとか。

ドッキリを仕掛けられてマジ泣きした彼女が、今度は仕掛ける側に回ってどんなドッキリを仕掛けるのか。

16才を迎える上村ひなのから、目が離せない——。

研修生 高橋未来虹

この悔しさを忘れない

『去年の夏休み、みんなで欅坂46のライブを見に行って、
帰りのバスの中で、まりぃ(森本茉莉)が泣き出したんです。
その時、何も聞かずに――
「同じオーディションを受けた(欅坂46)2期生が、
あんな大きなステージに立てているのに、
私たちは何をやっているんだろう」
……っていう悔しさを共有することが出来て、
「でもここで私まで泣いたら本当の〝負け〟になる!」と思って、
まりぃを抱き締めて必死に堪えました』

2月16日の〝SHOWROOM〟で正式に日向坂46への配属が決まった3人の研修生だったが、今もって「まだ正式メンバーになった実感はない」と、自分の名前が日向坂46に書き加えられていることが不思議そうな様子だ。

「特に髙橋未来虹は2016年から2018年にかけて乃木坂46の3期生オーディション、ひらがなけやきの追加オーディション、そして坂道合同オーディションと、毎年のようにアイドルを目指して挑戦を続けていたので、およそ3年半に渡る夢が叶った瞬間、単純な喜びよりも〝どう表現すればいいかわからない〟戸惑いが先に現れてしまったのではないでしょうか」（テレビ東京関係者）

しかし、すでに強い意志を持つメンバーであることは、冒頭のセリフからもおわかり頂けるだろう。

「髙橋と森本、そして山口の3人は同学年ですから、普通ならば森本の気持ちを共有し、自分も涙を流して悔しがるところなのに、グッと涙を堪えることで『この悔しさを忘れちゃダメだよ！』――と、森本と山口を鼓舞したそうです。新加入メンバーのリーダー的な存在として、これからの彼女には注目せざるを得ませんね」（同テレビ東京関係者）

現在の日向坂46は、新加入メンバーを含む21名（活動休止中の影山優佳は除く）。

最初に頭角を現し、21名の中で存在感を示す新加入メンバーは、髙橋未来虹なのだろうか？

果たして……!?

研修生　森本茉莉

人生に影響を与えられるアイドルになりたい！

『友だちに誘われて『インフルエンサー』の全国握手会に行った時、握手前のミニライブを最前列の真ん中で見ることが出来たんです。真っ先に目に入った向井（葉月）さんと与田（祐希）さんに向かって、友だちとキャーキャー言って叫んでいたら、その後に並んだ握手会で、お2人とも――

「一番前にいた！　ありがとう」

――と声をかけてくださったんです。

まさか私たちを見ていたなんて思わないから、感動して言葉になりませんでした』

森本茉莉は「もし自分がアイドルになれたら?」と尋ねられ、間髪入れずに——

『向井さんと与田さん、そして(齋藤)飛鳥さんのようなアイドルになりたいです!』

——と即答したそうだ。

「ただファンに憧れられたり、勇気や元気を与えるだけではなく、自分がそうだったように『人生に影響を与えられるようなアイドルになりたい』——と話していました。全握(全国握手会)でのエピソードを聞けば、それも納得ですよね」

テレビ東京『日向坂で会いましょう』構成スタッフ氏は、

「たった1回のレスと握手で、ここまでの影響を与えてしまうとは。アイドルの存在というか価値というか、向井や与田もめちゃめちゃ嬉しかったと思いますよ」

——と話す。

確かに自分との握手をきっかけに合同オーディションを受け、たとえ直接的な乃木坂46の後輩にはならなくても、姉妹グループに「あの時の女の子が入ったんだ!」という事実は、向井と与田にとっても〝自分たちが影響を与えられた〟喜びになるだろう。

「まだ全然、怖くて〝覚えてますか?〟とは聞けないようですが、もし2人が〝あの時の!〟と覚えてくれていたら、森本はその場で失神してしまうかも(笑)」(『日向坂で会いましょう』構成スタッフ氏)

また仮に覚えられていなくても、自分に夢を与え、人生を変えてくれた向井葉月と与田祐希には——

『いくら感謝しても足りないぐらい、とにかく感謝しまくりです!』

——と、森本茉莉は満面の笑みで答えたという。

研修生　山口陽世

〝どうしてもなりたかった〟アイドル

『好きなアイドルが〝今夜テレビに出る！〟って知ったら、
その日1日が楽しくなりますよね？
学校からダッシュで帰って、テレビの前でずっとワクワクしてる。
私はそんな小学生、中学生だったので、
今度は私がみんなをワクワクさせる、
1日の楽しみになれるようなアイドルになりたい』

乃木坂46には秋元真夏と白石麻衣、欅坂46には渡辺梨加と渡邉理佐、そして日向坂46には齊藤京子と高本彩花。

アイドルグループにはこのように〝ビジネス双子〟的な扱いを受ける、あるいは自分たちで発信するメンバーがいるが、〝リアル双子〟の姉が山口陽世だ。

「AKB48の岡田奈々も双子であることを公表し、妹とのツーショットをSNSに上げたりしていますが、基本的には双子であっても隠すのが普通です。坂道シリーズも48グループも本名で活動をしているので、双子だと公表すれば住所や固定電話の番号が一瞬でバレてしまう。家族の平穏が壊されるだけですから。山口さんは鳥取県出身とのことなので、おそらくは地元の皆さんが温かく見守ってくれているのでしょう。彼女自身もまったく気にしていません」

――そう話す売れっ子放送作家氏だが、確かに言われてみればこのご時世、公表するプライベート情報は少ないに越したことはない。

「山口さんは無邪気というか無防備というか（苦笑）、でもそれが彼女の魅力でもあるのでしょう。どうしてもなりたかったアイドルになれたのですから、これからは彼女のチャームポイントでもある〝笑顔〟がいつまでも曇らないように、みんなで支えてあげて欲しいですね」（売れっ子放送作家氏）

そう簡単にコンサートやイベントには参加出来なかった地方に住んでいた山口陽世だけに、アイドルに憧れ、アイドルを毎日の糧にする地方在住ファンの気持ちは誰よりもわかるはずだ。

『いつか鳥取県の観光大使になってみたい』

——と言う山口。

地元を愛する彼女だけに、その夢は意外に早く叶うかも？

日向坂に吹く〝新しい風〟

『私は本当に嬉しいです。ずっと一人だったから……』

3期生・上村ひなのがこう打ち明けたように、いよいよ日向坂46に合同オーディション研究生が配属された。

1年半前、坂道合同オーディションに合格したものの、その後、各グループには配属されず、〝研修生〟という身分のままレッスンを積んできたのが、15名のメンバーたちだった。

そんな彼女たちは昨年末から運営と話し合いを重ね、辞退者1名を除く14名が各グループの新しいメンバーになった。

2月16日、動画配信サイト〝SHOWROOM〟の特別配信ルームに、各グループのキャプテンが集合。

それぞれのグループに配属されたメンバーを紹介するとともに、彼女たちの意気込みを聞いた。

乃木坂46には5名、欅坂46には6名、そして日向坂46には3名が加わったのだ。

「すでに1年半前に配属された同期は、乃木坂46が11名、欅坂46が9名。日向坂46はひなのの1名だけでした。しかしこれで坂道合同オーディションからの合格者は、合計で乃木坂46に16名、欅坂46に15名、日向坂46に4名に。この数字を見れば、秋元康プロデュースのアイドルに詳しい方は、皆さん〝なるほどね〟と、運営の意図を見透かすことが出来たでしょう。乃木坂4期生、欅坂2期生、それぞれに〝同期のチームを作らせる〟意図が」

話してくれたのは、坂道シリーズの内情に詳しい人気放送作家氏だ。

「AKB48のチーム分け時代から、秋元さんは〝16人で1チームになるのが理想的〟の持論を持っていて、実際にシングル曲の選抜も当初は(48グループも乃木坂も)16人選抜が基本でした。グループに所属するメンバーが増えてその法則は崩れましたが、あの悪名高き選抜総選挙も、実は上から順に16人ずつで区切られていましたから」

実は辞退した研修生1名は「欅坂配属を拒否して辞めた」そうで、彼女が辞退しなければ乃木坂46と欅坂46には〝同期の1チーム〟が存在したのだ。

「裏を返せばそれは、乃木坂46の4期生、欅坂46の2期生には大きな期待をかけているということです。乃木坂は3期生までを旧世代に位置付け、互いに切磋琢磨させる。欅坂の1期生はボロボロで、これから肩叩きが始まるとも。ちなみに日向坂はまだデビューして1年、今のメンバーをより熟成させなければならない。もっとも今年の夏頃には3期生オーディションを開催し、11～12名の合格者を採用して〝2チーム制〟にする案が出ていると聞いています」（人気放送作家氏）

これまでの坂道シリーズには〝選抜メンバー〟と〝アンダーメンバー〟の区別があったが、日向坂46だけはまだ〝全員選抜〟のまま。

これ以上メンバーが増えれば選抜とアンダーに分けざるを得ないが、それについては「そこの区別は日向坂のカラーに合わない」との意見も出ているらしい。

「日向坂のウリは〝太陽のような明るさと暖かさ、仲の良さと絆〟にあります。そんなグループに選抜とアンダーで亀裂を入れるより、2チーム制にして切磋琢磨するほうがカラーに合うし、ファンも〝ストーリーを創りやすい〟との考えのようです。ただしあくまでも、いくつかある〝案〟の一つに過ぎないので、今からあれやこれやと心配しても仕方がない。坂道運営は〝今年は3グループの中で日向坂をイチ押しにする〟方針を打ち出しているので、何らかの仕掛けは当然用意されているでしょうね」（同氏）

新たに加入した3名にも、運営から大きな期待がかけられているだろう。
そんな彼女たちは〝SHOWROOM〟の特別配信でキャプテンの佐々木久美に呼び込まれた際、それぞれの想いを直筆の色紙に込め、こう披露している――。

髙橋未来虹……『新』

森本茉莉……『幸配』（※「幸せを配る」の意）

山口陽世……『笑顔』

3人の想いを繋げると――

『笑顔で新たな幸せを配る』

――の文章が成立する。

新高2トリオの3人と、新高1の上村ひなの。

日向坂に吹かせる若さの風は、果たしてどんな化学反応をグループに起こしてくれるのだろうか——。

2nd Chapter

“勇気をもらえる”フレーズ集

日向坂46
HINATAZAKA 46

潮紗理菜

『体の疲れは少し休めば治るけど、
心の疲れはいつまでも癒されないことのほうが多い。
その特効薬は、
心が疲れたら思い切って逃げ出すことじゃないかな』

正面から困難に立ち向かい、それに打ち勝つことは人間の強さの証明。しかし時には立ち向かわずに逃げて、心を疲弊させないことが次のステップへの〝準備〟に繋がる。潮紗理菜の言葉は一見弱気に感じるが、その裏には「弱さを認めて強くなる」真理も。

『私がインドネシアで学んだこと。
いきなりの豪雨やスコールが降ってきても、
その後には必ず燦々と輝く太陽が顔を覗かせる。
辛さや苦しさを乗り越えたら、必ず太陽が待ってますよ』

いかにも潮紗理菜らしいセリフで、もちろんその奥深さも彼女特有のもの。そう、豪雨やスコールはずっと降り続けるわけではないのだから。

加藤史帆

『「努力は必ず報われる」っていうけど、結果を出せなくて文句を言う人たちは、そもそも本物の努力をしていないだけじゃん。だって結果が出た時に初めて、「努力したお陰」──だと言えるんだから（笑）』

かつてＡＫＢ48グループ初代総監督の高橋みなみは「自分の一生をかけて〝努力は必ず報われる〟ことを証明したい」と言ったが、しかし加藤史帆のセリフにある、「結果が出たからこその〝努力のお陰〟だと言える」考え方は個性的な彼女だからこその発想か。「結果を出せなくて文句を言う人たちは、そもそも本物の努力をしていないだけ」──は、まさに芯を食った発言だ。

『夢ってさ、
大きければ大きいほど人の心を動かすんじゃないかな？
私は小さい夢なんか見ないよ！』

短い中に、これほど心に刺さるセリフも珍しい。大きい夢は人の心を動かすが、小さい夢は「へぇ〜、そうなんだ。頑張ってね」で終わりがち。確かに加藤史帆が言う通り、夢は大きければ大きいほどいい。

齊藤京子

『人間、追い込まれてから初めて気づくこともあるし、
それが本当の意味で〝糧〟になることを忘れてはいけない。
たとえそれが、悔しさの淵に追い込まれた時でも』

正直、齊藤京子は「菜緒が云々ではなく、2期生にセンターを取られっぱなしの現状が悔しい」——と語る。しかし逆に「だからこそ自分たち1期生にしか出来ないことも〝学べた〟」——とも。このままでは終わらない、悔しさの淵から這い上がった齊藤京子のセンターを見せてくれ。

『途中でやめる人には絶対に勝ちは来ないし、
自分がやめることで他人に〝勝ちを譲る〟ことに、
何で気づかないのかな?
誰かが降りれば他の者が楽になる。
当たり前じゃん(笑)』

そう、それが競争社会では当たり前の日常。続けることの厳しさ、難しさを味わってきた齊藤京子だからこそ、「私は自分からは降りない」――と力強く言えるのだ。

佐々木久美

『努力する楽しみや喜びを知らない人に、
そう軽々しく「久美は努力家だから」と言って欲しくない。
私の努力はそんなに軽くないから』

「努力する姿を人には見せない」ことが、佐々木久美のモットーの一つ。だからこそ「久美はこうだから……」というようなセリフは聞きたくない。本物の努力を怠らない人間だからこそ言えるセリフだ。

『キャプテンとして100点は取れなくても、その時の自分の最高点は取りたい。80点の時もあれば、40点の時もあるけど。だから〝平均点〟的な考え方もないんです』

佐々木久美は〝100点〟にはこだわらない。しかし〝最高点〟だけは譲れない。その日、そのステージで自分の最高点を出してこそ、初めてファンや観客に「グループを引っ張るキャプテンとして、認めてもらえる気がする」——と言う。

佐々木美玲

『何もしてあげられなかったら、
そばにいて一緒に泣いてあげたい。
少しでも支えになるなら、私はそうする。
本当に辛い時、言葉はいらないから』

まるで失恋ソングの歌詞に出てくるような言葉だが、佐々木美玲のように友人や仲間を包めるメンバーは意外に少ない。「みんなライバルだけど、みんなメンバーで、そして大好きな人」――日向坂46の〝絆〟を象徴するようなセリフだ。

『これまで、ひらがなけやき、日向坂46をやって来て思っているのは、この世界は〝0か100か〟で決められないし、決まる世界ではないってこと。臨機応変、いつも柔軟な頭は持ち合わせていたいですね』

〝白か黒か〟……人はいつもそこに答えを求めがちだが、佐々木美玲に言わせると「私がいる世界は〝0か100〟、〝白か黒か〟で決着する世界ではないし、だから面白いと思う」――とのこと。

高瀬愛奈

『〝自分探し〟みたいな言葉がありますけど、探しに行く時間がもったいない。私なら〝自分創り〟の道を選びますね』

高瀬愛奈は自分にあまり人気がないことを自覚した上で、こうポジティブに捉えている。「お陰で時間もあるから、その時間をステップアップのための〝自分創り〟に当てたい」――と。拗ねたり僻んだりしないメンバーは、必ずジワジワと人気が上昇するもの。誰かが必ず見ているから。

『成功の反対は失敗じゃない。
何もせず、自分から動こうとしないこと。
そして自分から動いて失敗しても、
それは単なる失敗には終わらない。
きっと私の栄養になる』

高瀬愛奈にとって、今はジッと耐える日が続いているかもしれない。それでも彼女は自分の成長を信じ、自分自身に妥協することもない。人生の勝利者は時として、彼女の考えに近いポリシーの持ち主に多い。

高本彩花

『ひな檀で迷った時は前に出る。
一度や二度スベったからって、怯んでいたら何も始まらない』

新加入の研修生を含めると、最大で21名のメンバーが揃う『日向坂で会いましょう』のスタジオ収録。その中で自分の存在感をアピールするため、高本彩花は「スベったらスベったで、オードリーさんがオイシく料理してくれる」ぐらいの気持ちで、「常に前に出る気持ちを忘れずにいたい」――と語る。

『悩みがあるのは、自分が全力で挑んでる証拠。
だから私は、そんな悩みならばマジに大歓迎ですよ』

悩みの〝対象〟にもよるだろうが、高本彩花のように「仕事上の悩みは自分にとって風邪を引いたのと同じ。風邪を治すために薬を飲むように、悩みをなくすために解決法を探す。そしてその解決法は、自分の中で免疫になってくれる」――と言うのは、なかなか秀逸でわかりやすい、たとえ話ではないか。

東村芽依

『もし私の周りにちゃんと叱ってくれる人がいなくなったら、
自分で探しに行くぐらいの気持ちは持ってますよ。
こんな私でも』

一見すると、叱られたら畏縮して泣き出してしまいそうな東村芽依。しかしその実、正しい指摘はキチンと受け止める覚悟を持ち、それが成長に繋がることを理解していた。その気持ちは、これからの成長に必ず繋がるはずだ。

『人を傷つけたら超絶後悔するし眠れない。
だったら〝傷つけられたほうがマシ〟って考え方も、
あるんじゃないかな』

どちらが寝覚めが悪いかは別として、傷つけるよりも傷つけられたほうが精神的に楽だとする考え方は、確かに存在しているだろう。当然、傷つけることも傷つけられることもないに越したことはないが、常にこの気持ち（覚悟）さえ持っていれば、人は優しく、強くなれるのではないか。

金村美玖

『結局、今の自分が幸せかどうかを決めるのは、
周囲じゃなく私自身。
それだけはブレたくありません』

ジワジワと人気を伸ばし、今年は日向坂46を代表する〝モデル系〟に成長するであろう期待が高まる金村美玖。モデルになるのは、ひなが なけやき追加オーディション時からの夢の一つ。ブレずに持ち続けることが彼女を成功へと導く。

『今日より明日、明日より明後日。毎日自分を更新する〝小さな〟目標を設定すると、楽しくなりますよ』

それは「毎日1回、心から楽しいと思えることに出会う」というような、一見すると大きな意味や価値を持つとは思えないことでもいい。少しずつ〝楽しい〟を増やしていけば、いつの間にか自分の周りには笑顔が溢れているのだから。

河田陽菜

『高校1年で山口から上京して、もう高校卒業ですからね。
私も結構都会に馴染んで、今じゃすっかり都会の女性ですよ。
PASMOも使いこなしてますから（笑）。
田舎者だからと怯むんじゃなく、
田舎者だからこそ一歩外に踏み出す勇気が必要で、
実はそれが仕事の上での積極性や好奇心に繋がる。
私はそう信じています』

上京当初は「電車の路線図を見たら気持ち悪くなる」ほど苦手だった地下鉄やJRの乗り換えだが、今では路線図を見なくても「頭の中に最速ルートが浮かぶ」達人クラスに成長した河田陽菜。外に出ることが怖くなくなったことで、自然と〝積極的な自分〟に変身した。

『グループの居心地が良すぎて、いつも誰かに甘える自分がいました。
しかも先輩たちじゃなく同期メンバーに甘えてばかりで、
「これはマズいな」……と（苦笑）。
だからグループではなく個人のお仕事を頂いた時は、
自分が〝日向坂46の代表〟でそこにいることを特に意識し、
自分の中に〝ノルマ〟を課すことにしています。
「ノルマを達成して、初めてそのお仕事が上手くいく」――と、
考えるように』

〝どんなノルマ？〟と尋ねると、「それを公開したらまた（周囲に力を借りたくなって）甘えてしまう」――と笑う河田陽菜。日向坂46を代表する誇りとプライドを、彼女は自分の仕事に対して持っている。

小坂菜緒

『〝やる〟〝やらない〟で迷ったり悩んだりするんじゃなく、
まずは〝やる〟と決めてから、結果を出すためのルートを探す。
そのルートの途中で迷ったり悩んだりするのは、
ごく当たり前のことですよ』

自分の進むべき道を決めたら、後は「その道で結果を出すには
どうすればいいのか?」を考え、真っ直ぐに突き進むだけ。
その途中で迷ったり悩んだりするのは、すべて自分の財産になる。
さすがデビュー曲から4曲連続でセンターを張る、エースの
〝ブレないポリシー〟だ。

『知らないことを、
先輩やスタッフさんに〝教えてもらう姿勢〟を忘れてしまうと、
人は〝知ったかぶり〟で雑な仕事しか出来なくなってしまう。
私はいくらウザがられようと、
納得するまでは質問責めにして食らいつきますよ（笑）』

笑顔で話す小坂菜緒の意外な一面。それは泥臭く、決してスマートな方法ではないけれど、しかし間違った道に進まずに済むのだから、彼女なりに「プライドを捨てても構わない」「恥をかいても構わない」――と、考えてのこと。彼女のように〝教えてもらう姿勢〟を忘れないことが人を成長させるのだ。

富田鈴花

『努力しないで天才になれれば、そんなに嬉しいことはないけど、きっと雨が降ったらメッキが流れ落ちちゃいますね（笑）』

かつては〝パリピ〟アイドルを目指し、『ひらがな推し』時代にはMCのオードリーにも〝面白がられていた〟富田鈴花。今一つ定着しないキャラから脱皮し、迷走の先に掴んだモットーこそが「だから私は雨でも剥げないメッキを身にまといたい」——という〝本物志向〟への変身だった。

『ぶっちゃけ自分の道を決める時だけは、
思いっ切り〝自己中〟でいいんじゃないかな?
——責任を取るのも自分なんだから。
もちろん周りに迷惑や心配をかけないのが、
最低限のモラルやマナーだけど』

単なる〝パリピ〟には決して言えないこのセリフには「〝自己中と責任〟は表裏一体、決して切り離すことは出来ない」——という〝覚悟〟が秘められている。

丹生明里

『たった一人でも喜んでくれる人がいたら、こんなに地味な私でも、ここにいる意味がある。私を立たせてくれる、ファンの皆さんへの感謝は忘れません』

ハッピーオーラ満開の日向坂46においても、その笑顔一つで輝きと存在感を発揮する丹生明里。その根幹には、決して忘れない謙虚さが備わっているのだ。

『〝自分に何が出来るか？〟——
その答えを一生かけて探し続けてもいい世界にいることって、
きっと皆さんが想像しているよりも素敵ですよ（笑）』

地味で不器用な自分でも、この世界（芸能界）で成し遂げられることがあるに違いない——丹生明里のこの考え方は、決して芸能界のみに留まるものではなく、誰の日常にも通じる考え方だ。

濱岸ひより

『お休みから戻る前に決めていたんです。
「スベったりドン引きされてもいい、
恥をかいてもいいから、
一歩前に踏み出す気持ちは持ち続けよう！」
――って』

２ｎｄシングル『ドレミソラシド』から体調不良で休業していた濱岸ひよりも、４ｔｈシングル『ソンナコトナイヨ』で無事に復帰。

この発言を聞く限り、彼女は何倍も逞しさを増して帰ってきた。

『〝好きなことを楽しむ、
楽しんで仕事をしている姿〟を見せられないと、
私から勇気や活力をもらえる人を、
増やすことが出来ないと思うんです』

元来は明るく、ムードメーカーの一人だった濱岸ひより。
休業期間中に出した結論は「私が楽しんで活動しないと、
ファンの皆さんも楽しくない」——という、アイドルを
志す原点だった。

松田好花

『たとえ今は〝無駄〟だと思うことでも、
1年先、2年先、3年先の結果に繋がるかもしれない。
だから無駄なことなんて一つもないんです』

自他共に認める2期生の、いや日向坂46の〝頭脳〟ともいえる松田好花。そんな彼女だからこそ言える〝心のモットー〟が、このセリフには込められている。

『最近思うのは、
「少しばかりウケるからって、
安易な自虐ネタに走るのは違うかな？」
……ってことなんですよ。
その自虐ネタは一瞬じゃない、ずっとつきまとう気がしませんか』

『日向坂で会いましょう』のひな檀に座り、目立つためには自虐ネタも辞さない。それは決して間違ってはいないが〝何に対しての自虐か？〟は要注意。松田好花による冷静な分析だ。

宮田愛萌

『苦しいこと、辛いことがあったら、〝鏡の中の自分〟と向き合ってます。自分自身に問いかけるのは、それが一番だから』

神社や寺院を巡り、ご朱印を授かることが趣味の宮田愛萌。その影響か、自分自身と向き合って真理を見つける。それはある意味では禅宗の教えを実践しているとも？ 苦しいこと、辛いことがあったら、彼女のように〝鏡の中の自分〟と向き合って問いかけてみてはいかがだろう――。

『歯を食いしばって頑張ってる人には、
必ず同等のチャンスが目の前に転がってくる。
大切なのは、それをちゃんと拾うこと。
拾わずに愚痴を溢してばかりだと、
2度とチャンスは転がってこない』

どちらかといえば〝ガツガツしない〟お嬢様系の性格に見える宮田愛萌だが、実は常に〝チャンスを捕まえる準備を怠らない〟性格のようだ。「みんな横並びで歯を食いしばって頑張ってる。それが日向坂46のあまり知られていない強さ」――だと話す。

渡邉美穂

『〝もう限界だ〟と諦めるか、
〝まだまだこれからだ〟と踏ん張れるか、
〝今から始まるんだ〟と思うか、
――すべて自分次第じゃないですかね』

さすが高校生時代はバリバリの体育会系女子として知られる渡邉美穂。バスケットボールを追いかけたあの体育館で、身を持って体験したセリフには重みと深みがある。そう、すべては〝自分次第〟なのだ。

『手の届きそうな目標を設定すると、
そこに到達しただけで満足してしまう。
だから私は、あえて目標を設定しません。
だって永遠に成長したいから』

こちらもまた、体育会系の渡邉美穂らしいセリフ。大会に勝つ、優勝することだけを目標にしている選手には、たとえ優勝してもその先の未来はない。「人生もそれと同じ」――ということか。

上村ひなの

『卒業した柿崎（芽実）さんが、
２０１７年のツアーファイナルのリハーサルで左手首を骨折して、
メンバーの皆さんが柿崎さんを思いやる姿がとても素敵だったんです。
「これが本物の〝絆〟なんだな～」って感動して、
その憧れから「どうしてもこのグループに入りたい！」気持ちに繋がり、
坂道合同オーディションを受けました』

これまでたった一人の3期生として、時には寂しい思いをしたであろう上村ひなの。新加入の3人とも1学年上ゆえに最年少メンバーのままだが、「同じオーディションを受けた同期との絆を築きたい」との意欲は強い。

『(小坂)菜緒さんとお仕事した時、
「ウチって最年少のひなのが一番落ち着いていて大人だよね」
――と言われたんです。
そんな私なんて全然大人じゃないんですけど、
菜緒さんによると――
「だってみんな、20才を越えると幼児化していくじゃん」……らしくて。
あんなに可愛い顔で毒舌な菜緒さんにドキドキでした(笑)』

20才を越えたメンバーといえば、1期生全員(影山優佳は除く)に松田好花、宮田愛萌、渡邉美穂の計11名。いつの間にか過半数が成人になっていた。なるほどそれを感じさせないほど明るく元気なのは、〝幼児化〟のせいだったのか……(笑)!?

高橋未来虹

『中1の頃、友人関係に悩んでいた私を救ってくれたのが、
乃木坂46さんの歌で、
そういうとめっちゃポップなナンバーかと思われがちですけど、
私は『あの日 僕は咄嗟に嘘をついた』を聞いて、
〝これだ！〟と感じたんですよね。
性格もめっちゃ負けず嫌いだけどネガティブで、
何か真ん中がなくて両極端の世界で生きてるみたいです、私は（笑）』

個性的なキャラクターで、実はルックスからは想像しにくいほどの〝駿足〟だという高橋未来虹。日向坂46に加入した研修生3人の中では、すでに精神的な支柱になっている。

『乃木坂46さんを好きになって3期生オーディションを受けて、
落ちても当時のひらがなけやきさんの追加オーディションも受けて。
三度目の正直で合格出来たのが坂道合同オーディションだったのに、
最後の最後でダメで……。
だから研修生になれた時には「もう何も怖くないぞ！」ってくらい、
めちゃめちゃ心が鍛えられていました』

結果的には、かつてオーディションを受けた日向坂46に加入することになった髙橋未来虹だが、一時は「どこまでチャレンジを続ければいいんだろう」……と悩んだ時期もあったという。

しかしその経験こそが、今の彼女を作ってくれたのだ。

森本茉莉

『私の名前が〝まり〟ではなく〝まりぃ〟なのは、
アイドルとしてツカミになるので両親に感謝したいと思います。
でもその理由を話したら、みんな私を、
〝バイリンガルの帰国子女〟扱いにするのはやめて欲しい。
パリに住んでいた記憶すらないので（笑）』

生まれる直前に父親のパリ転勤が決まり、海外でも呼ばれやすい〝まりぃ（マリー）〟と名付けられた森本茉莉。結果的には物心がつく前の3才で帰国したが、独特な名前を「誰もが一発で覚えてくれる」のは彼女の立派な武器だ。

『研修生のみんなに言わせると、
私は〝うるさすぎるほどポジティブ〟で、
よく〝変人〟とも言われていました。
どんなに落ち込んでも次の日には立ち直ってるし、
もちろんやることをキッチリやって、
認められなきゃならないんですけど、
このポジティブさを失わなければ、
絶対にチャンスを活かせると信じてます』

〝うるさすぎるほどポジティブ〟と周りから言われる
超前向きな森本茉莉。ハッピーオーラ溢れる日向坂46
だからこそ、彼女の長所も活きるのではないか。

山口陽世

『〝みくにん〟や〝まりぃ〟とは感じ方がちょっと違っていて、同じオーディションを受けて先にグループに入った子たちに対しても、〝悔しい〟とかの感覚ではなく普通に〝ファン〟になれるんですよね。特に賀来遥香さんが好きなので、賀来さんが選抜に選ばれた時はめちゃめちゃ嬉しかったです（笑）』

同期の高橋未来虹、森本茉莉よりも早く、小学校の低学年からアイドル好きが開花していた山口陽世。筋金入りのアイドルファンゆえ、嫉妬ではなく賀来遥香を認めるその〝素直さ〟が、彼女の魅力の一つでもある。

『私は坂道シリーズで一番兄と姉がいて、
6人兄妹の〝5番目プラス双子の妹〟がいるんですよ。
だから全体の意見に流されやすいというか、
リーダーが〝あっち行くぞ!〟と言うとついていくタイプで、
ちょっと根暗の性格だから、そのほうが楽だったんです。
でもアイドルになった以上は、ファンの皆さんを引っ張れるように、
この性格を克服して頑張りたいと思います』

坂道シリーズSHOWROOM特番が公開される直前、得意の野球でキャッチボールをする姿が「本物だ」とSNSでバズった山口陽世。地元少年野球チームでも認められた根性は、厳しいアイドル界でも彼女を支えてくれるだろう。

勇気をもらえる
日向坂46
の言葉

3rd Chapter

笑顔の
ハッピーオーラ

日向坂46
HINATAZAKA 46

潮紗理菜

ハッピーオーラで包む〝魔法の笑顔〟

『よく私は「どこにいてもわかる」って言われるんですけど、
2期生ちゃんに言わせると――

「紗理菜さんの笑い声は一発でわかるから」

「紗理菜さんがいる場所の近くにいる人、みんながニコニコしてるから」

――だそうです。

「それってバカにされてるの？」って聞くと、

「全然逆で癒されてます」と言われたのが、本当に嬉しかったですね（笑）』

潮紗理菜の笑い声（※楽屋バージョン）を聞いたことがある者は、一様に――

「誰かの笑い声で癒される日が来るとは思わなかった」

――と、口を揃えて証言してくれるという。

「別に番組と楽屋で大きな違いがあるわけではありませんが、しかし番組には〝編集〟というディレクターの意図（演出）が込められてしまうので、楽屋や控室での笑顔と笑い声とは、やはり微妙な差異が出てしまいますね」

テレビ東京『日向坂で会いましょう』制作スタッフ氏は、

「坂道シリーズはじめ、数多くのアイドルと接してきましたが、彼女の笑い声を〝笑顔美人〟のジャンルで上回るアイドルはいません」

――と豪語する。

「〝ガッハッハッ！〟と豪快に大口を開けた笑い、〝ヒッヒッヒッー〟と明石家さんま系の引き笑い、笑い方にもいろいろあります。彼女の笑い方は、笑い声を聞けば〝誰々の声だ〟と瞬時に気づくような特徴を持っているわけではありませんが、上品であることはもちろん、声質やトーンの高低、場合によってはビブラートやファルセットをかけているようにも感じる――とにかく人の心を癒す、穏やかにする笑い声なのです」（『日向坂で会いましょう』制作スタッフ氏）

そこまで言われたら、どうしても潮紗理菜の〝本気笑い〟を聞きたくて聞きたくて仕方がなくなってしまったではないか。

『紗理菜さんの笑い声は一発でわかるから』

『紗理菜さんがいる場所の近くにいる人、みんながニコニコしてるから』

メンバーを癒す彼女の笑顔があれば、日向坂46のハッピーオーラが色褪せることもない。

彼女の笑い声は、周囲をハッピーオーラで包む〝魔法の笑顔〟なのだ――。

加藤史帆

前向きな〝質問責め〟

『すでに『ひらがな推し』が始まった頃から、
その回の収録で感じた疑問や質問は、
次の回が始まる前に消化するようにしてきました。
『欅って、書けない？』に出させてもらっていた頃、
ある先輩がスタッフさんを質問責めにしているのを見て、
「もし自分たちの番組を持てたら、
私も嫌がられるぐらい質問責めにしてやろう」――って』

日本テレビ『BINGO!』シリーズ制作スタッフ氏は、

「番組スタッフとしては『KEYABINGO!』ひらがなけやきバージョンの1クール（2018年4月クール）だけしかおつき合いしていないので、その後の『HINABINGO!』でのメンバーの様子はよく知らないのですが、でも確かに加藤、それに久美の2人は、当日の台本打ち合わせには、かなり真剣な表情で参加していたように思います」

――と、当時を振り返ってくれた。

「『KEYABINGO!』はサンドウィッチマンが（MCを）回してくれていたので、メンバーは〝今日は何をやるのか〟だけを事前に知っていればいい――みたいなスタンスでした。欅坂の収録現場でディレクターにダメ出しをもらいに行くような、そんな雰囲気もなかったですね。そんな中でも加藤と久美の2人が台本打ち合わせに参加していたことは〝ずいぶんと前向きで勉強熱心だなあ〟とは思っていました」

『KEYABINGO!』と違って『HINABINGO!』は独立した新番組ゆえ、MCもサンドウィッチマンではなく、『HINABINGO!』担当として小薮千豊が登場。

外見の強面度はサンドウィッチマンが上でも、内面は小薮が数段上の怖さ。

さすがにメンバーも自ら進んで小薮と絡もうとはしなかったのでは？

「逆ですよ逆。小薮はキツい大阪弁で上から押さえつけようとしますが、ちゃんと話せばわかり合える相手。加藤や久美が台本打ち合わせから参加していれば、きっと『アイドルやのに頑張るやん』などと言って、むしろ絶対に可愛がられたと思いますよ」

『HINABINGO!』は2019年4月クールと7月クール、別の番組として半年間オンエアされて以来、第3シリーズが制作されていない。

『もし自分たちの番組を持てたら、私も嫌がられるぐらい質問責めにしてやろう』

――常に前向きな想いで番組に取り組む加藤史帆。

おそらく第3シリーズが始まれば、彼女と久美、2人のスタッフへの〝質問責め〟もまた始まるに違いない。

齊藤京子

胸に刻む〝彼女の言葉〟

『忘れられない彼女の言葉があるんです。
「たった1回の人生だから、
知らない人に何を言われても私は構わない」――って。
彼女の強さを証明するその言葉が、私はこれからもずっと大好きです』

自他共に認める〝相方〟井口眞緒の卒業が発表された数日後、二度と同じステージに立つことが叶わない寂しさからか、齊藤京子はこんなセリフを呟いたそうだ。

「京子としては辛いですよね。〝相方、親友〟としてはグループに残って活動を続けて欲しいけど、一方ではルール違反は取り返しがつかない。卒業はやむを得ないとしても、井口がグループに残してくれた〝財産〟まで否定されるのは悔しすぎるでしょうから……」

テレビ東京『日向坂で会いましょう』制作スタッフ氏は、こう言って齊藤京子の心の内を慮った。

「この、井口が言ったとされる『たった1回の人生だから、知らない人に何を言われても私は構わない』——とは、彼女独特のキャラクターや言動について、一時期ネットでバッシングされていた時の話です。決してデート現場を文春砲に押さえられた時の話ではありません」

あえて言われなくとも、誰も井口が文春砲に開き直って吐き捨てたセリフだとは思ってもいない。

「天然なのか作ったキャラクターなのか、年長組の井口が〝不思議ちゃん〟的なポジションにいることに対し、初期の頃は〝ウザい〟〝消えろ〟などと結構な叩かれ方をしていましたからね。所詮はネットの書き込みなので、ネットを開かなければ目に入ることはない。でも今の世代は1日の大半をスマホで過ごしてますから、叩かれているとわかっていてもエゴサしてしまうんですよね」(『日向坂で会いましょう』制作スタッフ氏)

そんな井口に対し、齊藤も親友として――

『見るのやめな。
ネットの中で匿名でしか叩けない相手なんだから』

――と、何度も意見したそうだ。

「やがて井口は吹っ切れたように、先ほどのセリフを京子に返したのです。その時、改めて井口の〝心の強さ〟を知り、驚かされたといいます」（同氏）

井口が残した言葉――

『たった1回の人生だから、知らない人に何を言われても私は構わない』

――彼女の言葉を、これからは自分の言葉の一つとして、齊藤京子は胸に刻んでいくことだろう。

佐々木久美

〝ひらがなけやき〟から〝日向坂46〟へ生まれ変わるための〝けじめ〟

『〝ひらがなけやき〟として最後のライブの時、
1期生だけで円陣を組んで、ひらがなけやきに――
「ありがとうございました！」
――と、お礼の一声を入れたんです。
どうして声を出したかったのかわからないけど、
このまま何事もなかったかのようにひらがなから日向坂に移ると、
私たちの中でけじめがつかない気がして――』

昨年の2月11日、けやき坂46から日向坂46への改名とCDシングルデビューが決まった時、笑顔でインタビューを受ける佐々木久美と加藤史帆を見て、ファンの大半は「自分たちのオリジナルの名前になって嬉しそう」「いよいよ念願のシングルデビューだもんね」と、諸手を挙げて歓迎した。

「いつまで経っても欅坂46の二軍扱いですし、欅坂のシングル選抜に選ばれても不思議ではないメンバーが何人もいるのに、平手友梨奈の〝私は認めない〟の一言で、彼女たちはいつまでもカップリング曲止まり。ファンのジレンマも限界に近かったでしょう」

坂道シリーズの現場に足を運んで取材をする有名アイドルライター氏は、

「運営はカリスマ平手頼みから脱却するため、明るくて活発なひらがなけやきを切り離すチャンスと踏んだのでは」

——と言い、そしてメンバーも大喜びに違いないと思っていたそうだ。

「ところが彼女たちは単体でのCDデビューは嬉しいけど、グループ名はそのままでも良かった。それほど〝ひらがなけやき〟には愛着とこだわりを持っていたのです」

その気持ちが顕著に現れているのが、佐々木久美の冒頭のセリフ。

彼女はキャプテンとして、その円陣を「〝日向坂46〟として生まれ変わる、けじめの記念日」の儀式にしたかったのだ。

佐々木美玲

内に秘めた〝女優の才能〟

『もう若林さんから頭を叩いてツッコまれたくて。
ダウンタウンの浜田さんは（叩かれたら）めちゃめちゃ痛そうだけど、
若林さんは意外に優しい〝手加減ツッコミ〟なので、
叩かれた後にもう1回ボケられるというか、
リアクションを返せるスペースが空くんですよ。
そこをすかさずボケて、日々、自分の反応を鍛えていきたいんです』

意外にも冷静な分析と大胆な発言をする佐々木美玲。

実は日向坂46ドラマ選抜（？）が出演した深夜ドラマ『DASADA』（日本テレビ）収録中、演出スタッフの一人に「君はいい〝コメディエンヌ〟になれそう。バラエティでも体を張って、笑いを取るコツを掴むべき」と声をかけられ――

『『日向坂で会いましょう』で経験を積んでいくしか！』

――と、すっかりその気になっているという。

「コメディエンヌとしての才能があるかどうかはわかりませんが、〝なかなか面白い役者になりそうだな～〟とは感じています。『Re：Mind』でもいい味を出していましたし、美玲系のルックスは貴重ですからね」

――とは、某テレビ局のドラマ制作プロデューサーだ。

「かつての48グループはもちろん、坂道シリーズのメンバーが総出演するドラマも一応はチェックして、個人でオファーを出せそうな子をリストにしています。ただ残念ながら、今は存在感や芝居勘に秀でた10代の女優がわんさかいるので、エースの小坂でも主演クラスのオファーは来ないし、オーディションを勝ち抜くのは至難の技でしょう」

確かにこれまで、坂道シリーズから大作のヒロイン役に抜擢されたメンバーはいない。

しかし美玲には「脇でなら食っていける可能性を感じる」そうだ。

「全体的にパッと見て〝大きな特徴はないけど整っている〟系のルックスは、いわゆるカメレオン俳優に向く。もし彼女が女優志望で本気で演技の勉強をしていけば、時間はかかるかもしれませんが、貴重な脇役としてオファーは途絶えないと思います」

——と、美玲の女優としての可能性を高く評価するドラマ制作プロデューサー氏。

「脇役がいなければ主役は光らないし、名作も生まれない」

——これは、とある大監督が残したセリフだが、美玲が持つ〝女優の才能〟が開花する日が楽しみだ。

高瀬愛奈

ニックネームで呼ばれることの〝自信〟

『すっごい小さな出来事かもしれませんけど、
若林さんが番組で初めて〝まなふぃ〟と呼んでくれた時は、
ちょっと感動してしまいました。
だって相手は売れっ子芸人さんですよ？
いくら私たちの冠番組とはいえ、
あんなに売れてる方々にアダ名で呼んでもらえるなんて。
しかも他の局で会った時も、〝まなふぃ〟と声をかけてもらったんです！
まあ、それは春日さんのほうでしたけどね（笑）』

「バナナマンが乃木坂の〝公式お兄ちゃん〟を名乗ったり、土田（晃之）さんと澤部（佑）さんが欅坂のライブを見に行ったりしてますけど、彼らはプロのMCとして番組を盛り上げる〝ビジネスの一環〟としての立ち位置を貫いています。彼らがプライベートでメンバーと会うことはありませんし、何なら番組の打ち上げも挨拶と乾杯の音頭を取ったら退席する。それはオードリーの2人も同じです」

他局でオードリーのレギュラー番組を担当する放送作家氏は、彼らが「ひらがなけやきの番組を担当する」と聞いた時、「大丈夫かな……」と心配したそうだ。

「オードリーは日向坂の番組を担当する1年前、2017年に〝AKB48 Team 8〟の番組を担当したのですが、番組が終了したあとで『思ったよりも仲良くなれず、不完全燃焼だった』――と後悔していたんです。そのTeam 8よりも知名度が上で、しかもTeam 8のように1クールでは終了しない〝坂道枠〟なので、メンバーとの距離感が大切。そこで人見知りの若林くんだからこそ、〝メンバーをニックネームで呼んだらどうか。公式のままでも、あえて若林くんがニックネームを付けたりしてもいいし〟――とアドバイスしました」

ほぼ即答で——

『無理無理無理無理!』

——と返した若林だったが、『ひらがな推し』の1年が過ぎた頃には大半のメンバーをニックネームで呼び、
不器用ながらも距離感を縮めたことで信頼も手に入れる。
冒頭の高瀬愛奈のセリフが、それを証明してくれている。
そして、その〝小さな出来事〟が、彼女に自信を与えてくれたのだ。

高本彩花

〝叱る勇気〟とお互いの信頼関係

『京子や芽依と前室でダラダラしていたことがあって、
それを久美にマジ切れされましたね。
「あんたたちがそうやってると、2期生たちが〝それでいいんだ〟と勘違いする。
〝後輩を育てろ〟とまでは言わないけど、〝悪いお手本〟にはならないで」
――と。
正論すぎて、ぐうの音も出ませんでした』

高本彩花が――

『普段仲がいいからこそ正直に言って驚いたし、もちろん見直しました』

――と言うのは、キャプテンの佐々木久美に対してだった。

「同期の中で〝キャプテン〟と〝キャプテン以外〟の関係が出来てしまうと、〝どこでケジメをつければいいのか〟悩んでしまうメンバーが多いと聞きます。特に仲がいいからこそ〝オン〟〝オフ〟の切り替えが難しい。でも一度でも高本さんのような経験をすれば、次からはキッチリとその線引きが出来るということです」

日向坂46の衣装担当スタッフ氏は高本と雑談していたある時、高本がしみじみと――

『久美がキャプテンで本当に良かった』

――と語る、こんなエピソードを聞かされたそうだ。

「普通に世間話というか、〝最近こんな買い物をした〟とか、そんな話で盛り上がっていた時のことです。高本さんがいきなり『久美のこと、キャプテンとしてどう見えます?』――と尋ねてきたんです」

冒頭のセリフのように、仕事の現場でいかにも気を抜いた態度の自分たちを掴まえ、ビシッと説教をする久美。

そんな久美のことを高本は――

『仲がいいからこそ、めちゃめちゃ言い難かったと思う。だからこそ心に響いたし、あの時の久美キャプテンはカッコよかった』

――と振り返ったそうだ。

「2期生の〝おもてなし会〟も終わり、『ひらがな推し』の収録が始まった頃のタイミングだったそうです。『ちょっとダラダラしているところを、余裕のように(2期生に)見せたい気持ちがあった』――と言う高本さんたちを正論で叱りつけ、久美さんの株が上がりまくりだったそうです」

叱る勇気も素晴らしいが、叱られたことを素直に受け入れて反省する態度も素晴らしい。

その裏にあるのは、その程度ではビクともしない〝お互いの信頼関係〟が築かれているからだ――。

東村芽依

前に出る勇気

『スタッフさんに〝楽屋番長〟〝楽屋弁慶〟って言われた時は意味がわからなくて、
でもある時プロデューサーさんに呼ばれて――
「東村は楽屋の面白さが番組で出ない。
もし出ないのではなく〝出せない〟のなら、
他のメンバーみたいに自発的にダメ出しをもらいに来るぐらいの前向きさを見せろ」
――と怒られちゃって。
〝みんなが？ そんなバカな!?〟と思ったら、
久美とか史帆がすぐ隣で「ダメ出しお願いします」――って言ってたんですよ』

あくまでもテレビの画面を通しての印象だが、東村芽依にはどこか「真剣味が足りない」「甘えれば何とかなる」かのような、そんな態度がチラホラと見える時がある。

もちろん本人は懸命に、全力で取り組んでいるだろう。しかしそんな印象を他人に与えてしまいがちな人間は、男女問わず一定数はいるものだ。

「彼女もその一人なのかもしれません。加えて番組スタッフのほとんどに〝東村はカメラが回るとつまらなくなる〟という、ネガティブなイメージを与えているのが残念」

テレビ東京『日向坂で会いましょう』現場スタッフ氏は、そんな東村から相談を受けた時のエピソードを明かしてくれた。

東村は――


『なかなか前に出られない。

前に出ようとはしてるけど、スベることが怖くて声が出せない』

――と、現場スタッフ氏に相談を持ちかけたという。

その時、東村から聞かされたのが冒頭のセリフ。

それを聞いた現場スタッフ氏は、

「スタッフ側が東村にプレッシャーを与えていたのでは?」

——と気づいたそうだ。

「他のスタッフにも話し、東村の良さを引き出すために最も大切なのは〝時間〟で、彼女自身が自然と前に出られるようになるまで気長に待つしかないよね——と」

なるほど。日向坂46が放つ温かみのあるハッピーオーラは、番組スタッフの〝理解〟が加わったことで、より大きな輪に育っていったのだろう。

自らの弱点に気づいた東村も、やがて必ず〝前に出る勇気〟を持てる日が来るに違いない。

金村美玖

勉強熱心な努力家

『『ひらがな推し』から『日向坂で会いましょう』まで、
ずっとオードリーさんにお世話になってるじゃないですか？
それなのに私は最初の頃はオードリーさんのことを深く知らなくて、
だから番組が始まったと同時にオードリーさんのラジオを聞いたり、
若林さん、春日さんが単独で出る番組をチェックして、
〝どうしたらメンバーの中で私のことを覚えてもらえるのか〟——
抜け駆けで頑張っていた頃もあります（笑）』

このところ〝2期生のモデル担当〟として頭角を現し、さらに自分に憧れる〝女性ファン〟を着実に増やしている金村美玖。

テレビ東京『日向坂で会いましょう』の女子校訪問企画でも真っ先に正体がバレ、本人は悔しそうにしながらも、しかしどことなく「（すぐにバレて嬉しい）」表情を隠せない、その素直さも魅力の一つだろう。

「ルックスもプロポーションもモデル向きと恵まれていますが、金村に注目して頂きたいポイントは、実に〝勉強熱心な努力家〟の一面です」

アイドル誌の坂道担当ライター氏は、まだ2期生がお披露目会を終えてしばらくしか経っていないある日、金村から「ちょっと教えてもらえませんか？」と声をかけられたそうだ。

「ほぼ初対面に近かったので驚きましたが、その〝教えて欲しい〟内容にはさらに驚かされました」

――当時を振り返ってそう話すライター氏。

金村は、ほぼ初対面の彼に何を聞いたのだろう。

金村はライター氏に――

『オードリーさんってどんな方々ですか？
オードリーさんのことを深く知るにはどうすればいいですか？
特に若林さんがＭＣだと思うので、若林さんの趣味とか特技は何ですか？』

――と、矢継ぎ早に問いかけたのだ。

「新番組のＭＣがオードリーで、その番組の中で彼らから興味を持ってもらう、彼らと仲良くなるためには『**オードリーさんを深く知る必要がある**』――と言うではありませんか」（坂道担当ライター氏）

その頃の自分を振り返ったのが、金村の冒頭のセリフ。

彼女は恵まれたルックスやプロポーションだけではなく、注目されるべくして注目された〝努力の塊〟のようなメンバーだったのだ。

河田陽菜

〝自分らしさ〟を失なわないように

『前に2期生の何人かでご飯に行った時、誰が言い出したのかは忘れちゃったけど、みんな〝自分らしさは大切に、失わないようにしよう〟という話になったんです。その時、「じゃあ私の、私だけの〝らしさ〟は何だろう?」……って考えてみたら、それは具体的な行動とかじゃなく、〝無理をしない〟ってことかな――と。まだ漠然として、掴み切れてませんが(笑)』

大人数のアイドルグループだからこそ、全員が同じ目標、同じ夢に向かって歩いていかなければバラバラになる。出来る限り自我を抑え、与えられた役割をキチンとこなさなければならない――おそらくそれが、アイドルグループを成功に導く方法の一つだろう。

3~4人のグループであれば、それぞれの個性が際立たなければファンを掴むことは難しい。

しかし人数が多くなればなるほど、強烈な個性は輪の中から弾き出されてしまう。

「たとえば乃木坂46が〝清楚〟〝モデル系〟と言われ始めてから、その路線に乗れないメンバーはどんどんと淘汰されていきました。3期生以降はその〝完成した乃木坂〟に憧れてオーディションを受けに来たので、審査する側も合否の基準を設定しやすい。突出した個性は、上手く使いこなせないとグループの邪魔になりかねない」

数多くの音楽番組を手掛けてきた大御所放送作家は、その〝突出した個性〟に頼って失敗した例が欅坂46だと語る。

「日向坂46は、元は欅坂46の〝アンダーメンバーになるために〟募集されましたが、やがて坂道シリーズではファンを最も癒してくれる〝温かな太陽〟のようなグループになりました。見るからにメンバーのチームワーク、仲の良さも随一で、ここまで居心地のいいグループは坂道はもちろん、48グループにも存在しませんでした。全員が横並びで手を繋いで歩くかのような、そんな〝平和〟なグループです」

しかしそれは最大の魅力でありながら、メンバーの個性を徐々に奪う〝大敵〟でもあるのだ。

「僕もそれが心配で旧知の番組プロデューサーに様子を窺ったら、返ってきたのが河田陽菜の(冒頭の)セリフ。チームワークや絆を大切にしながらも、個々の〝自分らしさ〟は失わない。AKB48最初のTeam Aが結成されてから丸14年半、ようやく〝理想のアイドルグループ〟が誕生した気がします」(大御所放送作家氏)

そして河田陽菜が見つけた――

『「私だけの〝らしさ〟は何だろう?」……って考えてみたら、それは具体的な行動とかじゃなく、〝無理をしない〟ってことかな』

――そう、〝自分らしさ〟こそ、日向坂46のモットーなのだ。

小坂菜緒

〝ネガティブな自分〟から〝強い自分〟へ

『私、二重人格ではありませんが、
自信がない時の自分はめちゃめちゃネガティブだし、
〝謙虚だ〟って言ってくださる方々には申し訳ないんですけど、
自信がないから前に出られなかっただけなんです。
でもそんな私を〝推し〟と言ってくださるファンの皆さん、
番組の中だけでも〝推し〟と言ってくださる若林（正恭）さんのお陰で、
少しずつ〝ネガティブな自分〟を克服し、「強くなれる」と信じてます』

あくまでも番組上の演出ではあるが、小坂菜緒を〝推しメン〟とし、何かと贔屓する若林正恭。

それに対して加藤史帆や齊藤京子が噛みつき、ひと笑い起きたところに若林がツッコミをいれる。

——そこまでの一連のやり取りで〝若林劇場〟の1幕が完結する。

「メンバーも実際には若林くんのネタだとわかっているから、反発するリアクションも大きく取れる。まあ、お手本のような定番ネタですよ（笑）」

テレビ東京制作部のプロデューサー氏は、若林のテクニックを「グループアイドルと番組を進める上での基本」としながらも、推される小坂のほうは「最初は恥ずかしそうにしてましたが、今はそれが自信に変わっている」と、その変化に注目しているそうだ。

「ルックスが抜群なのは言うまでもありませんが、関西人なのにボケもツッコミも苦手で、それゆえ**『自分で〝関西人〟と言いたくない。それを言うと面白い人だと決めつけられるから』**——と、引っ込み思案が小坂の弱点でもありました。若林くんはそれを見抜き、何とか小坂に自信をつけさせようとしてくれているわけです」

番組MCが〝推し〟と言えば、それだけカメラに抜かれる回数も増える。

ましてや小坂はデビュー曲から4曲連続でセンターを務める〝不動のエース〟なのだから〝小坂の出来がグループの出来を左右する〟存在。

若林は小坂の他にも何人かのキーパーソンを決め、彼女たちをイジりながら成長の手助けをしてくれているのだ。

「春日（俊彰）くんのキャラはさておき、オードリーの番組進行には癖がないので、余計にメンバーを引き立たせる。絶妙なブッキングだと思いますよ」

最後はプロデューサー氏の自画自賛だったが（笑）、彼らが彼女たちを成長させてくれたことは間違いない。

『でもそんな私を〝推し〟と言ってくださるファンの皆さん、番組の中だけでも〝推し〟と言ってくださる若林さんのお陰で、少しずつ〝ネガティブな自分〟を克服し、「強くなれる」と信じてます』

――少しずつ〝ネガティブな自分〟から〝強い自分〟へと変わりつつある小坂菜緒。

この先、彼女が見せてくれるのは、どんな〝小坂菜緒〟だろうか。

そしてこれからもオードリーの2人は、日向坂メンバーを成長させ続けてくれるはずだ。

富田鈴花

〝本気で好きになる〟こと

『日向坂46でデビューしてから1年経ちますけど、
その間、いろいろなお仕事や現場を経験して感じたのは、
やっぱり〝好き〟の気持ちがあるのとないのとでは、
残した結果に結構差が出てしまうことでした。
だから2年目の自分は、
「どんなお仕事でもポジティブに、
〝好き〟の気持ちを持って臨まなきゃいけないな」――です』

オードリーの2人に〝最もイジられてきた〟パリピキャラの富田鈴花。

今ではすっかりパリピの面影(?)も消え、早くも「パリピキャラは黒歴史」化している感もあるが(笑)、大人数グループの中で目立つために〝キャラ付け〟する作戦そのものは、決して悪くなかっただろう。

実は若林正恭も番組スタッフに対して――

『富田さんは頑張ってるからこそ、いつかパリピキャラがキツくなる。その時、ちゃんとフォローしてあげてくださいね』

――と、予言めいた提案をしていたというのだ。

「メンバーにまったく興味がなさそうに見える若林さんですけど、たとえば強めのツッコミをした後には、スタッフに『面白かったと褒めてあげてください』――など、遠回しなフォローを欠かさない、優しいMCなんです。ご本人が直接言うと『依怙贔屓みたいに見えるから』とメンバーに接する態度は変えず、スタッフにその役割を任せる。失礼ながら普段の若林さんを見ている限り、そこまで気が回る人だと誰が思うでしょう」

話してくれたのは、テレビ東京『日向坂で会いましょう』現場スタッフ氏。

確かに若林にそんな一面があるとは驚きだ。

「まったくウケなくても〝パリピキャラ〟を通す富田に対し、『キャラを作るならそのキャラを本気で好きにならなきゃダメ。中途半端に〝ウケそうだから〟の理由で演じるキャラには照れや恥が見え隠れする。それでは笑えないし、こっちもイジリ甲斐がなくなる』——と、ガチのアドバイスも贈ってくれました。もちろん彼女に直接ではなく、スタッフを介して。若林さん、いまだにメンバーと目を合わせて喋る限界は3秒ぐらいじゃないですかね(笑)」（『日向坂で会いましょう』現場スタッフ氏）

遠回しの、さらに外周を回すかのようなアドバイスだが……

『どんなお仕事でもポジティブに、
〝好き〟の気持ちを持って臨まなきゃいけない』

——富田鈴花にはしっかりと伝わっているようだ。

丹生明里

〝ひらがなけやき〟への思い入れと〝日向坂46〟になる不安

『〝ひらがなから日向坂46に改名する〟って聞かされた時、
2期生は全員一緒にいて、そのＶＴＲを見せられたんです。
今は本当に胸を張って「日向坂46です」と言えますけど、
その時はみんな改名することが悲しくて号泣してしまいました。
特に私は、ねるさんに憧れてオーディションを受けたから』

佐々木久美のエピソードでは1期生視点でお話しさせて頂いたが、では2期生は〝けやき坂46から日向坂46への改名〟をどう捉えていたのか?

丹生明里のリアクションが最もわかりやすいので、ここでは彼女のセリフから読み取っていきたい。

「〝日向坂46〟の名前がどうこうではなく、自分たちは〝けやき坂46〟の追加オーディションに合格して頑張ってきたので、〝ひらがなけやき〟というグループ名に対するこだわりは、間違いなくそれぞれが持っていたと思いますよ」

当時、テレビ東京『ひらがな推し』制作スタッフ氏は、改名が発表された後の収録の様子が忘れられないという。

「正直、僕らは欅坂46自体がゴタゴタしているのを知っていたので、ひらがなをまったく別グループで切り離さないと悪影響が出るのでは?……と心配していて、メンバーたちも改名がウェルカムだと思っていました。ところが控室の空気は重く、単独でのCDデビューが決まったとは思えないほど、静まり返っていたんです。怖くて誰にも声をかけられませんでした」

後に冒頭のセリフを語った丹生明里は——

『あの頃は漢字さんと関係なくなる私たちが、自分たちだけで何が出来るのかも不安でした』

——とも感じていたと明かす。

「丹生ちゃんに言わせると、『ファンも〝漢字あってのひらがな〟と見ているんじゃないか。だとしたら単独の自分たちについてきてくれる保証はない』……という不安をメンバーは感じていたようですね。フタを開けてみれば新人女性アイドルグループの記録を、ことごとく破り続けてきましたけど」

それはあくまでも結果論。

メンバー全員、〝ひらがなけやき〟には、それだけ思い入れがあったのだ。

『特に私は、ねるさんに憧れてオーディションを受けたから』

……しかしなぜか不思議と〝ホッとする〟のは、1期生も2期生も「長濱ねるを絶対に忘れない」でいてくれるからではないだろうか。

濱岸ひより

勇気をくれた〝影山優佳の言葉〟

『私は休業から戻ってきても、
影山(優佳)さんはまだまだ受験が大変みたいですけど、
去年少しだけ会えた時に、
「ひよりはもう大丈夫。
これからは下ばっかり見て歩くんじゃなくて、
ちゃんと上を向いて、空を見上げてみなよ。
そうしないと綺麗な虹は見られないよ」
――って励ましてくれて、
私、めちゃめちゃ感動したし嬉しかったんです』

もしかすると皆さんがこの本を手にしてくださった頃には、大学受験を突破し、グループの活動を再開しているかもしれない影山優佳。

そんな影山とともに、同じく休業中に写真集『立ち漕ぎ』の撮影に臨んでいたのが濱岸ひよりだった。

「本来は休業中だけに撮影も休まないと誤解を受けるのですが、本人よりもメンバーたちが『**優佳とひよりも写真集に載るべきだ**』——と声を上げ、2人の参加が決まりました。影山は受験ですが、濱岸の病気療養は何の病気だったのか？……など、ネガティブな反応をするファンもいますからね」

重い口を開いてくれたのは、写真集の製作担当スタッフだ。

「濱岸に限らず、坂道シリーズ、48グループで病気療養をするメンバーの大半は、精神的なプレッシャーに耐え切れずに休養するのは周知の事実です。握手会には応援ではなく説教や小言、嫌みを言いにくるファンはいまだにいますし、そういう相手を上手く交わすことが出来ず、心にダメージを受けて一種の〝対人恐怖症〟になるなど、アイドルは本当に大変な職業ですよ」

元気に帰ってきた濱岸をサポートするのはファンの皆さんの役割だが、濱岸が「もう1回頑張ろう！」と心に決めたのは、冒頭のセリフにあるように、影山優佳の言葉が励みになったからに他ならない。

『ひよりはもう大丈夫。
これからは下ばっかり見て歩くんじゃなくて、
ちゃんと上を向いて、空を見上げてみなよ。
そうしないと綺麗な虹は見られないよ』

やがて影山が復帰した時、２人揃って綺麗な虹を眺めることが出来ますように――。

松田好花

〝弱点〟を克服するための努力

『自分の長所でもあり短所でもあるのが、
何でも真面目に頭で考えることで、
今は〝これ以上突き詰めたら短所になる〟──その分岐点が掴めずにいるんです。
これからは逆に、何も考えずにその場の瞬発力で認められるような、
そんな一面を磨いていければいいと思ってます』

公式ブログ等を見ると、松田好花の地頭の良さが際立っていることがわかる。

将来的には乃木坂46・高山一実を越えるようなオリジナル小説、あるいはエッセイなどのジャンルで才覚を発揮するのは間違いなさそうだ。

「エッセイは小説に比べて1ランク下に見られがちですが、時代や流行を捉える観察眼、自分の感性を言葉で表現するセンスなど、むしろ〝書けるべくして書く〟才能が試されます。彼女の文章のタッチや着眼点を見る限り、チャンスがあればすぐにエッセイストの道を歩めると思いますよ」(アイドル誌編集者)

あとは日向坂46運営が松田をチャンスの扉の前に立たせるだけだが、それはともかく彼女をよく知る番組スタッフによると、「逆にその場のアドリブやリアクションなど、瞬発力を求められるものに対しては少し弱い弱点がある」ようだ。

「本人も自覚していますが、文字にするのは得意でも、言葉にして瞬時に発するのは苦手な傾向にあります。苦手というか、他のメンバーよりもやや遅いだけの話ですが」

松田から相談を受けた番組スタッフ氏は、

「〝前に出なきゃいけない〟と頭ではわかっていても、ひな壇ではなかなかすぐに前に出てはいけないものですからね」

――と彼女を庇う。

「そもそもアドリブやリアクション担当は、画面で見て前列の左端に座らされます。極端にいえばそれ以外のメンバーはMCに話を振られるまではガヤ（※賑やかし役）担当ですから、その回の収録で左端に座らされない限り、自分からはなかなか出ていけないもの。これはもう〝慣れる〟しか解決法がありません」（番組スタッフ氏）

アドリブやリアクションなど〝自分の弱点〟を自覚している松田は、オンエアされた番組を見返し――

『ここはこう言えばよかった』
『このリアクションならカットされない』

――など、コツコツと〝自習〟しているという。

『これからは逆に、何も考えずにその場の瞬発力で認められるような、そんな一面を磨いていければいいと思ってます』

――そんな彼女がアドリブやリアクションで台頭する日も、間違いなく近いだろう。

宮田愛萌

『日向坂で会いましょう』に臨む〝前向きな姿勢〟

『井口（眞緒）さんが卒業して、きっと皆さんは、
「〝スナック眞緒〟もなくなるんじゃない？」
……って心配してると思うんですけど、
私としては巫女さんの格好をして〝スナックご朱印〟とか、
どんな形であれ継続させてもらえるように頑張ります。
今度は自分が、井口さんのように〝メンバーの意外な一面〟を引き出していきたい』

齊藤京子が相方、親友として井口眞緒の卒業に馳せる想いと、宮田愛萌が『スナック眞緒』のチーママとして馳せる想いには、当たり前かもしれないが大きな違いが見てとれる。

「京子は友人として井口の内面を知る者の寂しさに溢れてますが、愛萌は井口の卒業が〝自分の目的意識を高める糧〟にしている――そんな気がしますね」

話してくれたのは『日向坂で会いましょう』を担当する放送作家氏だ。

「愛萌はせっかく井口が確立させたジャンルというか『スナック眞緒』のスタイルを、いい意味で継承していきたい気持ちが強い。しかもそれは〝自分の出番〟が減ることを防ぎたいわけじゃなく、あのシチュエーションだからこそ引っ張り出せる、メンバーの個性が〝惜しい〟という想いから来ているのです」

メンバーの人生相談にスナックのママが乗るシチュエーションの、見方を変えれば〝ミニコント〟のようなコーナーだった『スナック眞緒』。

時には誰も知らなかった本音が飛び出し、バーテンダー役の春日俊彰が慌てることもあったほど。

とはいえそれは、井口の〝超ど天然キャラクター〟が生み出す副産物のようなもので、果たして宮田が同様の面白さをキープすることが出来るかどうか、それはまったくの未知数だ。

「愛萌には愛萌のやり方と面白さがあるし、自分からも『ご朱印を取り入れよう』――とアイデアを出してくれた。それに1期生はほとんどが成人メンバーですから、久美や美玲、京子をママに据えても面白い。ただし東村には無理ですよ（笑）」（『日向坂で会いましょう』担当放送作家氏）

宮田自身は――

『どんな形であれ継続させてもらえるように頑張ります』

――と語り、〝ママになりたい〟と言っているわけではない。

従来のチーママのままでも〝メンバーの個性〟は、引き出せるだろう。

『今度は自分が、井口さんのように〝メンバーの意外な一面〟を引き出していきたい』

――番組に臨む宮田愛萌の〝前向きな姿勢〟。

彼女のその前向きさがあれば、たとえ『スナック眞緒』が継続されなかったとしても、今後様々な場面で注目される機会が増えるはずだ。

渡邉美穂

〝ガチ〟なリアクションの面白さ

『番組でよく、家族とか親友に裏エピソードを聞いて暴露するヤツ、
あるじゃないですか？
私、あれだけは絶対にヤラセだと思っていて、
「いつかは自分の番になるだろうし、
そのためにリアクションも考えておかなきゃいけないなぁ～」
……って考えていたら、
いきなりガチの暴露話が飛び出して大パニックでしたよ！』

ヤラセ……いや、〝過度な演出〟が横行するテレビ業界において、常に〝ガチ〟を貫くのが『日向坂で会いましょう』だ。

人気放送作家氏は、番組を見た上でこんな感想を話してくれた。

「美穂は7才?……ぐらいでしたっけ、子供の頃のエピソードを暴露されてパニクってましたが、逆に〝こんなエピソードを暴露するからよろしくね〟と事前に言われていたら、どうでしょう。あんなにガチなリアクションを〝芝居〟で出来るのか?――今はまだ無理だと思いますよ」

暴露系企画の面白さは、家族が明かしてくれるエピソードの〝質〟ではない。そこでメンバーがどんなリアクションを見せてくれるかに他ならない――と人気放送作家氏は言う。

たとえば乃木坂46の1期生、2期生のように冠番組のキャリアと暴露経験を積んでいるならまだしも、経験の浅い日向坂46メンバーでは、まだ〝ガチ暴露〟でなければスベる確率のほうが高いだろう。

「あの『ゴチになります』も長らく〝リアル自腹〟だと言われていますが、実際には自腹分は翌月のギャラに別名目で上乗せされます。年末の大精算スペシャルも全員、1円たりとも自腹ではありません。それでも出演者が芸達者なので、いかにも〝それらしく〟見えるわけです」（人気放送作家氏）

結構な暴露が飛び出しているのは……気のせいかな（苦笑）。

「日向坂メンバーのリアクション技術が上がるまでは、家族からの暴露系企画はすべてガチでしょう。あの面白さを維持するためにも、メンバーには〝バラエティ慣れ〟して欲しくないのが本音です(笑)」(同氏)

確かに。

『「いつかは自分の番になるだろうし、そのためにリアクションも考えておかなきゃいけないなぁ〜」……って考えていたら、いきなりガチの暴露話が飛び出して大パニックでしたよ!』

——振り返ってそう語る渡邉美穂のように〝いつまでも初々しい〟のが、日向坂46メンバーの魅力の一つなのだから。

上村ひなの

〝笑顔〟に差し込むポジティブの光

『3期生はずっと私一人で、最初の頃はいつも不安で仕方がなかったんです。
そんな時、加藤（史帆）さんが――
「辛い時、苦しい時に暗い顔ばかりしていると、
どんどんとネガティブの沼にハマるだけだよ。
辛い時、苦しい時ほど笑顔を忘れない。
そうしたら〝ポジティブの光〟が差し込むから」
――と、励ましてくれて。
私、すごく嬉しかった』

坂道シリーズでは唯一無二の、独特の存在感を放つ上村ひなの。

最年少メンバーでありながら〝妹キャラ度〟では年上の河田陽菜に圧倒されているように、彼女にしかないオンリーワンのオーラは、時として〝大人の艶〟すら感じさせるほどだ。

「上村は坂道合同オーディションの最中から〝ひらがなけやき志望〟を明らかにしていたので、当時、最終審査前のSHOWROOM審査では、ひらがなヲタから絶大な支持を得ていました。こう言っては何ですが、オーディションの募集から最終審査までの間、世間的なアイドル評は〝乃木坂46 vs 欅坂46〟の2強時代でしたからね。白石と西野、そして飛鳥の3人がセンターを張る乃木坂46と、平手友梨奈のカリスマ性が〝アイドルを超えたアイドル〟として人気を誇った欅坂46。当時のファンに〝2020年の春にはひらがなけやき（日向坂46）が大躍進しているよ〟と未来からお告げを出しても、きっと誰も信じないでしょう（笑）」（芸能誌ライター）

ファンの支持はメンバーの支持ともシンクロする。

1期生、2期生ともに「たった一人の3期生、上村ひなのちゃんをみんなで支えよう！」という暗黙の了解に、誰も異を唱えるはずがなかった。

「それでも同期はいませんから、ふとした瞬間に孤独感に襲われたこともあったでしょう。そんな上村にいち早く気づき、すかさずフォローを入れていたのが加藤でした」(同氏)

冒頭の上村の言葉にあるように、加藤は彼女に「笑顔の大切さ」を教える。

『辛い時、苦しい時に暗い顔ばかりしていると、どんどんとネガティブの沼にハマるだけだよ。辛い時、苦しい時ほど笑顔を忘れない。そうしたら〝ポジティブの光〟が差し込むから』

最初は〝自然な笑顔が作れない〟壁にもぶち当たったようだが、今ではそんな作り笑いをする必要もない。

一人きりでずっと不安だった上村ひなのは、笑顔を忘れないでいられるようになった。ポジティブな光に包まれた彼女は、もう再びネガティブの沼にハマることはない。あとは同期が本格的に合流する日を楽しみに待つばかりだ――。

勇気をもらえる
日向坂46
の言葉

エピローグ

1期生8名（活動休止中の影山優佳を除く）、2期生9名、3期生1名、そして新加入した研修生3名。合計21名の日向坂46は、乃木坂46、欅坂46の〝坂道シリーズ〟の中で最も少人数のグループだ。

しかし彼女たちは、今や先輩グループの乃木坂や欅坂を凌ぐ勢いで女性アイドルグループの頂点の座に立とうとしている。

もちろん彼女たちが多くのファンに支持を得ている原点にあるのは、彼女たちが醸し出す〝明るく温かいハッピーオーラ〟なのは言うまでもないだろう。

しかし本書をお読み頂いた方はおわかりのように、そのハッピーオーラの向こう側には、彼女たちが普段は決して見せることがない、アイドルとしての苦悩や挫折、そしてそれを乗り越えようとする〝ポジティブな努力〟が隠されているのだ。

『アイドルは英語で〝偶像〟の意味があるように、
そこで夢を見せてくれたり、希望を配ってくれることが〝仕事〟だと考えているから。
私は、私たちメンバーが元気に楽しんでいる姿を見て、
皆さんに明るい気持ちになって欲しいんです』

この潮紗理菜の言葉に代表されるように、彼女たちはいつでもファンの皆さんに、夢や希望、そして勇気を与えたいと願っている。

それは彼女たちにとって〝アイドルとしての使命〟だから。

これからも日向坂46は、すべての人たちを温かいハッピーオーラで包み込み、幸せな笑顔にしてくれるだろう。

そして、そんな幸せな気持ちになりたくて、我々は彼女たちを応援し続けるのだ――。

〔著者プロフィール〕
登坂彰（とさか・しょう）

某メジャーレコード会社で音楽ディレクターを務めた後、フリーディレクターとして独立。数々のアーティストの楽曲制作に関わる。その後テレビ音楽番組にも進出。現在、テレビとラジオで５本以上の番組と関わる。本書では、彼の持つネットワークを通して、日向坂46メンバー及び運営と交流のある現場スタッフを中心に取材を敢行。日向坂メンバーが語った“言葉”と、周辺スタッフから見た彼女たちの“素顔”を紹介している。

主な著書に『日向坂46 ～日向のハッピーオーラ～』（太陽出版）がある。

勇気をもらえる
日向坂46の言葉

2020年４月４日　第１刷発行

著　者……………… 登坂　彰
発行者……………… 籠宮啓輔
発行所……………… 太陽出版
東京都文京区本郷4－1－14　〒113-0033
電話03-3814-0471／FAX03-3814-2366
http://www.taiyoshuppan.net/

デザイン・装丁… 宮島和幸（ケイエム・ファクトリー）
印刷・製本……… 株式会社シナノパブリッシングプレス

ISBN978-4-88469-996-3

勇気をもらえる
日向坂46
の言葉

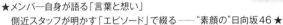

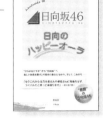